Chemie 2

Lösungsband

Berlin / Brandenburg

C.C. Buchner

Chemie
Berlin/Brandenburg
Herausgegeben von Claudia Bohrmann-Linde, Simone Kröger und Ilona Siehr

Chemie 2 – Berlin/Brandenburg Lösungsband
Bearbeitet von Claudia Bohrmann-Linde, Nina Heldt, Matthias Jachan, Marianne Karohs, Christian Karus, Simone Kröger, Klaus-Dieter Krüger, Ilona Siehr und Jochen Woller

1. Auflage, 1. Druck 2018
Alle Drucke dieser Auflage sind, weil untereinander unverändert, nebeneinander benutzbar.

Dieses Werk folgt der reformierten Rechtschreibung und Zeichensetzung. Ausnahmen bilden Texte, bei denen künstlerische, philologische oder lizenzrechtliche Gründe einer Änderung entgegenstehen.

Layout und Satz: Wildner+Designer GmbH, Fürth
Umschlag: Petra Michel, Essen
Druck und Bindung: creo Druck & Medienservice GmbH, Bamberg

www.ccbuchner.de

ISBN 978-3-661-**05004**-1

Hinweis: Die Lösungen zu „Startklar?“ und „Ziel erreicht?“ stehen im Schulbuch auf den Seiten 194 bis 213.

VERSUCHE UND MATERIAL

V AUSWERTUNG

Schulbuchseite 14

V1
V2

Beobachtung bei **V1**: Der Nagel ist z. T. rostfrei.

a) Auf den Etiketten von Colaflaschen sind als Inhaltsstoffe Wasser, Zucker, Kohlensäure, Farbstoff E150d, Säuerungsmittel Phosphorsäure, natürliches Aroma, und Aroma Koffein angegeben.
Hinweis: Der Farbstoff E150d ist Ammonsulfit-Zuckercouleur.

Die Auflösung des Rosts auf dem Nagel in **V1** ist auf die Säuren in der Cola (Kohlensäure und Phosphorsäure) zurückzuführen.

b)

	Salzsäure	Essigessenz	Speiseessig	Citronensäurelösung
Zink	sprudelt	sprudelt	sprudelt	sprudelt
Eisen	sprudelt	sprudelt	sprudelt	sprudelt
Magnesium	sprudelt stark; bei der Knallgasprobe verdrängt ein farbloses Gas das Wasser	sprudelt stark	sprudelt stark	sprudelt stark

Bei allen Reaktionen entsteht ein Gas, es „sprudelt". Die Intensität des Sprudelns und damit der Reaktion ist allerdings unterschiedlich, mit Magnesium reagieren alle vier sauren Lösungen heftiger als mit Zink und mit Eisen.

c) Die Knallgasprobe mit dem Gas, das bei der Reaktion von Magnesium mit Salzsäure entsteht, verläuft negativ (vgl. S. 133, Schülerbuch Band 1). Bei der Reaktion muss sich Wasserstoff gebildet haben.

d) Bei der Reaktion von sauren Lösungen mit unedlen Metallen entsteht das Gas Wasserstoff.

e) Salzsäure (l) + Magnesium (s) ⟶ Wasserstoff (g) + Magnesiumchlorid (aq)
$2\ HCl\ (aq) + Mg\ (s) \longrightarrow H_2\ (g) + MgCl_2\ (aq)$

V AUSWERTUNG

Schulbuchseite 15

V3
LV4

a)

stumpf	schmierig
Kochsalzlösung	Seifenlösung
Speiseessig	Lösung von Waschpulver
Mineralwasser	Laugenbrezel bzw. Salzstange

b) Alkalische Lösungen fühlen sich schmierig an. Danach sollten Seifen- und Waschpulverlösungen wie Natronlauge alkalische Lösungen sein (**V3**).
Alkalische Lösungen können Haare und Wolle zersetzen (**LV4**).

c) Da alkalische Lösungen Haare und Wolle zersetzen (**LV4**), sind alkalische Lösungen wie Seifenlösungen und Lösungen alkalischer Waschmittel für die Haar- und Wollwäsche ungeeignet.

V AUSWERTUNG Schulbuchseite 15

LV5 V6

a) Durch das Lösungsmittel Wasser wird der Indikatorfarbstoff bei erhöhter Temperatur aus den Rotkohlblättern herausgelöst. Durch das Filtrieren wird die Indikatorlösung von den Feststoffresten getrennt und die Testlösung erhalten (Extraktion).

b)

	Zuckerwasser	Waschpulver	Brausepulver	Essig	Backpulver	Wasser
je 4 bis 5 Tropfen Indikatorlösung	blau	blaugrün	lila	rot	blaugrün	blau

Wasser und Zuckerwasser färben die Indikatorlösung (Rotkohlfarbstoff) blau, sie reagieren neutral.
Essig und Brausepulver färben die Indikatorlösung rot (bzw. lila), sie reagieren sauer.
Waschpulver und Backpulver färben die Indikatorlösung (Rotkohlfarbstoff) blaugrün, sie reagieren alkalisch.

V AUSWERTUNG Schulbuchseite 15

V7

a)

	verd. Salzsäure	Kochsalzlösung	verd. Natronlauge
Rotkohlsaft	rot	gelb	blaugrün
Universalindikator	rot	grün	blau
Thymolphthaleinlösung	farblos	farblos	blau
Bromthymolblaulösung	gelb	grün	blau

b) Mit Rotkohlsaft, Bromthymolblaulösung und Universalindikator kann man saure, neutrale und alkalische Lösungen unterscheiden. Mit Thymolphthaleinlösung kann man nur alkalische Lösungen erkennen.

c) Die Aussage ist nicht richtig, da es auch Indikatoren gibt, die in sauren Lösungen farblos sind. Ein Beispiel dafür ist der Indikator Thymolphthaleinlösung.

ERARBEITUNG

A AUFGABEN

Schulbuchseite 17

A1 Alkalische Lösungen (Laugen) sind z. B. Waschmittellauge, Seifenlauge, Backpulverlösung und Natronlauge. Saure Lösungen sind z. B. Zitronensaft (Citronensäurelösung), Salzsäure, Essigsäurelösung, Cola und Apfelsaft.
Als Indikator für alkalische Lösungen ist neben z. B. Universalindikator, Rotkohlsaft und Bromthymolblaulösung auch Thymolphthaleinlösung geeignet.
Als Indikatoren für saure Lösungen eignen sich z. B. Universalindikator, Rotkohlsaft und Bromthymolblaulösung.

A2 Da die Kochsalzlösung den Indikator Bromthymolblau grün färbt, muss Kochsalzlösung eine neutrale Lösung sein. Danach würde die Kochsalzlösung den Indikator Thymolphthalein farblos und Universalindikator (dunkel)grün färben (vgl. **B3**, Schulbuchseite 17).
Indikatoren sind Stoffe, die durch Farbänderung den sauren, alkalischen oder neutralen Charakter einer Lösung anzeigen.
Universalindikator färbt sich in saurer Lösung rot, in neutraler Lösung grün und in alkalischer Lösung blau. Thymolphthalein ist in saurer und neutraler Lösung farblos und färbt sich in alkalischer Lösung blau.

A3 Auch ein Gartenboden kann sauer, neutral oder alkalisch sein, u. a. hängt dies vom Regen und einem verwendeten Dünger ab. Da in (bestimmten) Hortensienblüten ein (Indikator)Farbstoff enthalten ist, der u.a. seine Farbe in Abhängigkeit davon wechselt, ob der Boden sauer, neutral oder alkalisch ist, sind entsprechende Blüten unterschiedlich gefärbt. Rosa Blüten bestimmter Hortensiensorten färben sich in sauren Böden blau.

VERSUCHE UND MATERIAL

V AUSWERTUNG — Schulbuchseite 18

LV1

a) Da die Salzsäurelösung elektrisch leitfähig ist, müssen Ionen (frei bewegliche Ladungsträger) in der Lösung enthalten sein.

b) Bei der Elektrolyse in **LV1** entstehen die Gase Chlor (Pluspol; Geruch) und Wasserstoff (Minuspol; Knallgasprobe verläuft negativ).

c) Teilgleichungen: $2\,Cl^- \longrightarrow Cl_2 + 2\,e^-$ und $2\,H^+ + 2\,e^- \longrightarrow H_2$ bzw. $2\,H_3O^+ + 2\,e^- \longrightarrow H_2 + 2\,H_2O$
Gesamtgleichung: $2\,Cl^- + 2\,H^+ \longrightarrow Cl_2 + H_2$

V AUSWERTUNG — Schulbuchseite 19

V2
V3

a) Erst in Gegenwart von Wasser kommen die Säureeigenschaften (Indikatorfärbung, Leitfähigkeit) eines Stoffs zum Tragen. Für die saure Reaktion eines Stoffes ist eine wässrige Lösung des Stoffs nötig.

b) Man wird keine Veränderungen beobachten können, da die Säure nicht als wässrige Lösung vorliegt.

V AUSWERTUNG — Schulbuchseite 19

LV4

a) Verbrennung von Schwefel zu Schwefeldioxid: $S\,(s) + O_2\,(g) \longrightarrow SO_2\,(g)$

b) Das mit Universalindikatorlösung versetzte Wasser sieht grün aus. Nach dem Schütteln mit den Verbrennungsgasen färbt sich die Lösung rot, die Lösung muss jetzt sauer sein.

c) Bildung von schwefliger Säure: $SO_2\,(g) + H_2O\,(l) \longrightarrow H_2SO_3\,(aq)$

d) Kohlenstoff muss verbrannt werden, dabei entsteht Kohlenstoffdioxid CO_2. Beim Einleiten von Kohlenstoffdioxid in Wasser bildet sich dann Kohlensäurelösung $H_2CO_3\,(aq)$.

V AUSWERTUNG — Schulbuchseite 19

V5

a) Es entsteht Kohlenstoffdioxid.

b) Calciumcarbonat (s) + Salzsäure (l) ⟶ Kohlenstoffdioxid (g) + Calciumchloridlösung (aq)
$CaCO_3\,(s) + 2\,H_3O^+\,(aq) + 2\,Cl^-\,(aq) \longrightarrow CO_2\,(g) + Ca^{2+}\,(aq) + 2\,Cl^-\,(aq) + 3\,H_2O\,(l)$
Beim Eindampfen der Reaktionslösung, die durch das Einleiten des Gases in Kalkwasser entsteht, fällt als weißer Feststoff Calciumcarbonat aus.
Kohlenstoffdioxid (g) + Kalkwasser (l) ⟶ Calciumcarbonat (s) + (Wasser l)
$CO_2\,(g) + Ca^{2+}\,(aq) + 2\,OH^-\,(aq) \longrightarrow CaCO_3\,(s) + H_2O\,(l)$

c) Die Aussage ist richtig, denn der Feststoff, der beim Einleiten des entstehenden Kohlenstoffdioxids in Kalkwasser ausfällt, ist Calciumcarbonat, also Marmor.

d) Säuren wie Essigsäure reagieren mit Marmor, Calciumcarbonat, zu Kohlenstoffdioxid, Wasser und (gelöstem) Calciumchlorid, sodass der Marmor zersetzt wird.

e) Durch das Verdunsten von Wasser bleibt unlöslicher Kalk, Calciumcarbonat $CaCO_3$, zurück. Um diesen schwerlöslichen Stoff zu entfernen, benötigt man eine saure Lösung. Diese löst den Kalk auf (vgl. Auswertung d).

ERARBEITUNG

A AUFGABEN Schulbuchseite 21

A1 Das Gas Chlorwasserstoff besteht aus neutralen Molekülen. Wenn Chlorwasserstoff-Moleküle mit Wasser in Berührung kommen, geben sie jeweils ein Wasserstoff-Ion (Proton) ab. Die Wasser-Moleküle nehmen jeweils ein Proton auf, wodurch sich Oxonium-Ionen bilden. Als Reste der Chlorwasserstoff-Moleküle bleiben Chlorid-Anionen zurück.

A2 Chlorid-Anion: Chlorwasserstoff HCl, Nitrat-Anion: Salpetersäure HNO_3, Carbonat-Anion: Kohlensäure H_2CO_3, Sulfit-Anion: Schweflige Säure H_2SO_3, Sulfat-Anion: Schwefelsäure H_2SO_4, Phosphat-Anion: Phosphorsäure H_3PO_4

A3 $2\ H_3O^+\ (aq) + 2\ Cl^-\ (aq) + Zn\ (s) \longrightarrow Zn^{2+}\ (aq) + 2\ Cl^-\ (aq) + 2\ H_2O\ (l) + H_2(g)$
$2\ H_3O^+\ (aq) + SO_4^{2-}\ (aq) + Zn\ (s) \longrightarrow Zn^{2+}\ (aq) + SO_4^{2-}\ (aq) + 2\ H_2O\ (l) + H_2(g)$

A4 Mithilfe der LEWIS-Strukturformel der Essigsäure-Moleküle wird erklärbar, dass nur das Wasserstoff-Atom als Proton abgespalten werden kann, das an dem Sauerstoff-Atom gebunden ist. Die Bindung zwischen dem Sauerstoff- und dem Wasserstoff-Atom ist im Gegensatz zu den Wasserstoff-Kohlenstoff-Bindungen stark polar (Δ EN = 1,4), dadurch kann dieses Wasserstoff-Atom leicht als Proton abgespalten werden.

A AUFGABEN Schulbuchseite 23

A1
a) Bei der Reaktion von Schwefelsäure mit Magnesium entsteht Magnesiumsulfat $MgSO_4$.
b) Bei der Reaktion von Salpetersäure mit Lithium entsteht Lithiumnitrat $LiNO_3$.
a) Schwefelsäure (aq) + Magnesium (s) ⟶ Magnesiumsulfat (aq) + Wasser (l) + Wasserstoff (g)
$2\ H_3O^+\ (aq) + SO_4^{2-}\ (aq) + Mg\ (s) \longrightarrow Mg^{2+}\ (aq) + SO_4^{2-}\ (aq) + 2\ H_2O\ (l) + H_2\ (g)$
b) Salpetersäure (aq) + Lithium (s) ⟶ Lithiumnitrat (aq) + Wasser (l) + Wasserstoff (g)
$2\ H_3O^+\ (aq) + 2\ NO_3^-\ (aq) + 2\ Li\ (s) \longrightarrow 2\ Li^+\ (aq) + 2\ NO_3^-\ (aq) + 2\ H_2O\ (l) + H_2(g)$

A2 Salzsäure HCl ist eine einprotonige Säure, Schwefelsäure H_2SO_4 (zweiprotonig) und Phosphorsäure H_3PO_4 (dreiprotonig) sind mehrprotonige Säuren.

A3 Waschbecken bestehen aus Keramik, die glasiert ist. Diese Oberfläche wird durch saure Lösungen nicht so stark angegriffen wie Marmorböden. Marmor ist Calciumcarbonat und Carbonate reagieren mit sauren Lösungen unter Bildung von Kohlenstoffdioxid. Die festen Carbonate werden dabei gelöst, sodass ein Marmorboden bei Reinigung mit Säuren zerstört wird.

VERSUCHE UND MATERIAL

V AUSWERTUNG

Schulbuchseite 24

V1
V2

a) Hauptbestandteil von festem Abflussreiniger ist Natriumhydroxid NaOH. Mit Universalindikatorlösung färbt sich die Natriumhydroxidlösung blau, danach reagiert die Natriumhydroxidlösung alkalisch.

b) Nicht alle Hydroxide sind gut in Wasser löslich.

V AUSWERTUNG

Schulbuchseite 25

V3
LV4

a) Destilliertes Wasser leitet den elektrischen Strom nicht. Das zugegebene Natriumhydroxid setzt sich zunächst unten ab, bis es sich mit der Zeit vollständig auflöst. Mit zunehmender Lösung des Natriumhydroxids wächst die elektrische Leitfähigkeit der Lösung. Danach müssen sich beim Lösen des Natriumhydroxids Ionen (frei bewegliche Ladungsträger) gebildet haben.

b) Während des Lösevorgangs von Natriumhydroxid steigt die Temperatur der Lösung an, das Auflösen von Natriumhydroxid muss demnach ein exothermer Vorgang sein.

c) Die Lösung und die Schmelze von Natriumhydroxid leiten den elektrischen Strom, festes Natriumhydroxid ist hingegen nicht elektrisch leitfähig. Somit müssen beim Schmelzen und beim Lösen von Natriumhydroxid Ionen (frei bewegliche Ladungsträge) freigesetzt werden. Diese Ionen sind positiv geladene Natrium-Ionen Na^+ und negativ geladene Hydroxid-Ionen OH^-. Im festen Aggregatzustand ziehen sich diese entgegengesetzt geladenen Ionen stark an, sodass die Ionen in einem Ionengitter fest gebunden sind. Beim Lösen in Wasser wird das Ionengitter durch die Wechselwirkung mit den Wasser-Molekülen zerstört und zerfällt in die frei beweglichen Ionen. Beim Schmelzen wird Wärmeenergie zugeführt, wodurch die Beweglichkeit der Teilchen zunimmt und die Anziehungskraft zwischen den Ionen abnimmt. Somit liegen auch in der Salzschmelze frei bewegliche Ionen vor, die für die Leitfähigkeit der Schmelze verantwortlich sind.

V AUSWERTUNG

Schulbuchseite 25

LV5
V6
V7

a) Sowohl bei der Reaktion von Natrium mit Wasser (**LV5**) als auch bei der von Magnesium- bzw. Calciumoxid mit Wasser (**V7**) verfärbt sich die Indikatorlösung blau (blauviolett).

b) $2\,Na\,(s) + 2\,H_2O\,(l) \longrightarrow 2\,Na^+\,(aq) + 2\,OH^-\,(aq) + H_2\,(g)$

c) Bei der Reaktion von Calcium mit Wasser bilden sich aus den Edukten Calcium und Wasser gelöstes (hydratisiertes) Calciumhydroxid und Wasserstoff als Produkte.
Calcium (s) + Wasser (l) $\longrightarrow$ Calciumhydroxid (aq) und Wasserstoff (g)
$Ca\,(s) + 2\,H_2O\,(l) \longrightarrow Ca^{2+}\,(aq) + 2\,OH^-\,(aq) + H_2\,(g)$

d) Da sich die Universalindikatorlösung blau färbt, müssen die Lösungen, die sich bei den Reaktionen von Calcium- und Magnesiumoxid mit Wasser bilden, alkalisch reagieren. Die Produktlösungen enthalten Hydroxid-Ionen.

e) Bei der Reaktion von Calcium mit Wasser (**V6**) bilden sich eine alkalische Lösung und Wasserstoff. Bei der Reaktion von Calciumoxid mit Wasser (**V7**) entsteht nur eine alkalische Lösung.

ERARBEITUNG

A AUFGABEN

Schulbuchseite 27

A1 Lithiumhydroxid $LiOH$; Cobalt(II)-hydroxid $Co(OH)_2$; Gold(III)-hydroxid $Au(OH)_3$; Galliumhydroxid $Ga(OH)_3$

A2

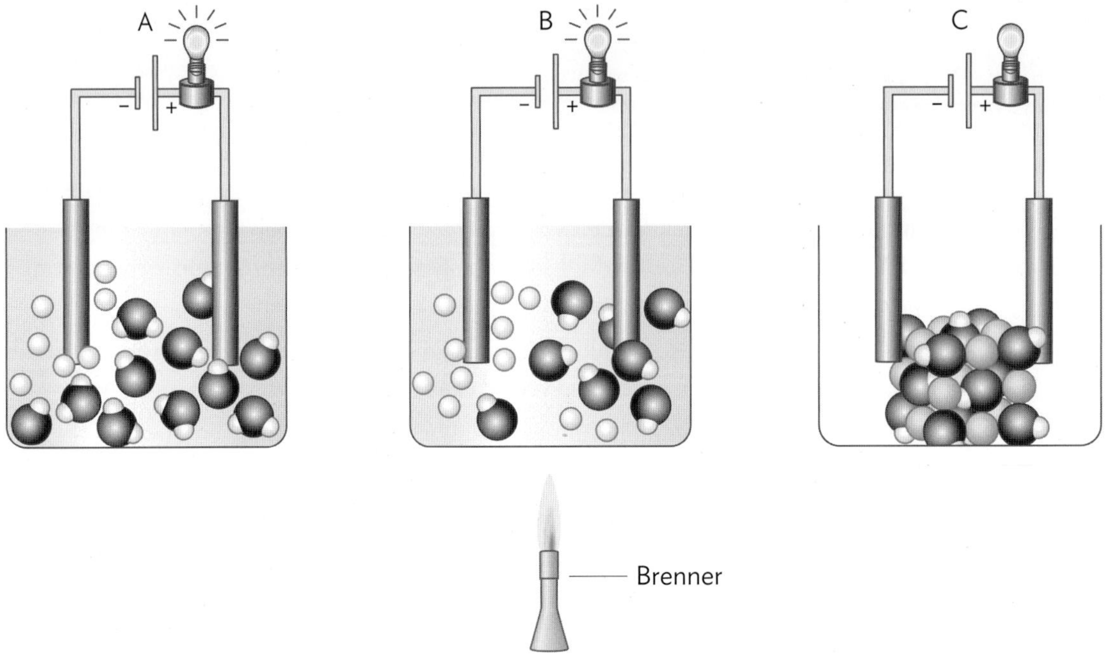

○ Kalium-Kationen K^+ Hydroxid-Ionen OH^- Wasser-Moleküle H_2O

Elektrische Leitfähigkeit		
A: einer wässrigen Kaliumhydroxidlösung	**B: einer Kaliumhydroxidschmelze**	**C: eines festen Kaliumhydroxidkristalls**
Beim Lösen von festem Kaliumhydroxid wird das Ionengitter zerstört. In einer wässrigen Kaliumhydroxidlösung befinden sich neben den Wasser-Molekülen frei bewegliche Kalium- und Hydroxid-Ionen, die den Stromtransport übernehmen und somit Ursache für die elektrische Leitfähigkeit der Salzlösung sind.	Beim Schmelzen von festem Kaliumhydroxid wird das Ionengitter zerstört. In einer Kaliumhydroxidschmelze sind die Kalium- und Hydroxid-Ionen daher frei beweglich, können den Stromtransport übernehmen und sind somit Ursache für die elektrische Leitfähigkeit der Salzschmelze.	In einem Kaliumhydroxidkristall sind die Kalium- und Hydroxid-Ionen an festen Gitterplätzen angeordnet. Sie sind nicht frei beweglich und können somit den elektrischen Strom nicht leiten. Ein Salzkristall ist nicht elektrisch leitfähig.

A3 $Ca (s) + 2 H_2O (l) \longrightarrow Ca^{2+} (aq) + 2 OH^- (aq) + H_2 (g)$

A4 Das jeweilige Metallhydroxid kann entweder durch die Reaktion des Metalls mit Wasser (1) oder durch die Reaktion des Metalloxids mit Wasser (2) hergestellt werden. Im zweiten Fall muss das Metall zunächst zum Metalloxid oxidiert werden.

a)

(1) $2 Li (s) + 2 H_2O (l) \longrightarrow 2 Li^+ (aq) + 2 OH^- (aq) + H_2 (g)$

(2) $4 Li (s) + O_2 (g) \longrightarrow 2 Li_2O (s)$

$Li_2O (s) + H_2O (l) \longrightarrow 2 Li^+ (aq) + 2 OH^- (aq)$

b)

(1) $Sr (s) + 2 H_2O (l) \longrightarrow Sr^{2+} (aq) + 2 OH^- (aq) + H_2 (g)$

(2) $2 Sr (s) + O_2 (g) \longrightarrow 2 SrO (s)$

$SrO (s) + H_2O (l) \longrightarrow Sr^{2+} (aq) + 2 OH^- (aq)$

EXKURS > Die Reinigung von Mehrwegflaschen

A AUFGABEN

Schulbuchseite 28

A1 Die Grafiken der Lernenden können variieren, es sollten aber folgende kausale Zusammenhänge berücksichtigt sein:
Nutzung (verunreinigte Pfandflaschen) ⟶ Abgabe der Flaschen beim Händler (bzw. Pfandautomat) ⟶ Vorsortierung durch einen Getränke-Logistikunternehmen ⟶ Vorsortierung (optischer Test und geruchssensorischer Test) ⟶ Reinigung mit heißer Natronlauge ⟶ Desinfektion mit Wasserstoffperoxid ⟶ Spülen mit Trinkwasser ⟶ Wiederbefüllung ⟶ Einzelhandel ⟶ erneute **Nutzung**.

A2 *Hinweis:* Es sollten keine echten Lebensmittelverpackungen (Pfandflaschen) für folgende Experimente genutzt werden, da ein Befüllen von Lebensmittelverpackungen mit Chemikalien in der Schule vermieden werden sollte. Die im Folgenden genutzten Bechergläser haben Modellcharakter und stehen für die Pfandflaschen.

1. Nutzung (Verunreinigung von Gefäßen):
   Bechergläser werden mit Mineralwasser, Apfelschorle oder Cola und Milch befüllt und entsprechend gekennzeichnet.
2. Vorsortierung (optischer Test und geruchssensorischer Test):
   Versuch: Geruch und Aussehen der entleerten Gefäße werden verglichen.
3. Reinigung mit heißer Natronlauge:
   Versuch: Die verunreinigten Bechergläser werden mit Natronlauge befüllt. Statt zu erhitzen werden die Gläser mit der Natronlauge mehrere Tage stehengelassen.
4. Desinfektion, Spülen:
   Versuch: Die Bechergläser werden geleert, mehrfach mit Wasser gespült und mit Alkohol desinfiziert.
5. Kontrolle:
   Versuch: Der Geruch und das Aussehen der gereinigten Gefäße werden verglichen.

A3 Bei Einwegpfandflaschen erfolgt lediglich ein stoffliches Recycling. Dabei wird der Nutzwert einer Flasche nicht erhalten.
Bei Mehrwegpfandflasche wird der Nutzwert der Flaschen erhalten. Je nach Anzahl der Nutzungszyklen ist dies mit einem geringeren rohstofflichen und energetischen Verbrauch verbunden.

ARBEITSMETHODE: Eine Concept Map erstellen

A AUFGABEN

Schulbuchseite 29

A1 Die Begriffe und Relationen werden von den Lernenden individuell gewählt.
In der dargestellten ergänzten Concept Map sind als mögliche Beispiele fünf neue Begriffe (eckig; Universalindikator, Rohrreiniger, NaOH, Metallhydroxid, NH_3) und acht neue Relationen (eingekreist; alkalische Lösung – *färbt sich blau mit* ⟶ Universalindikator; *p*H > 7 - ist messbar mit ⟶ Universalindikator; Hydroxid-Ionen – *werden gebildet bei der Reaktion* von Wasser mit ⟶ Ammoniak; Hydroxid-Ionen – *liegen vor im Gitter von* ⟶ Natriumhydroxid; Rohrreiniger – *enthält* ⟶ Natriumhydroxid; NaOH – *ist die Formel von* ⟶ Natriumhydroxid; Natriumhydroxid - ist ein ⟶ Metallhydroxid; NH_3 – *ist die Formel von* ⟶ Ammoniak) angegeben.

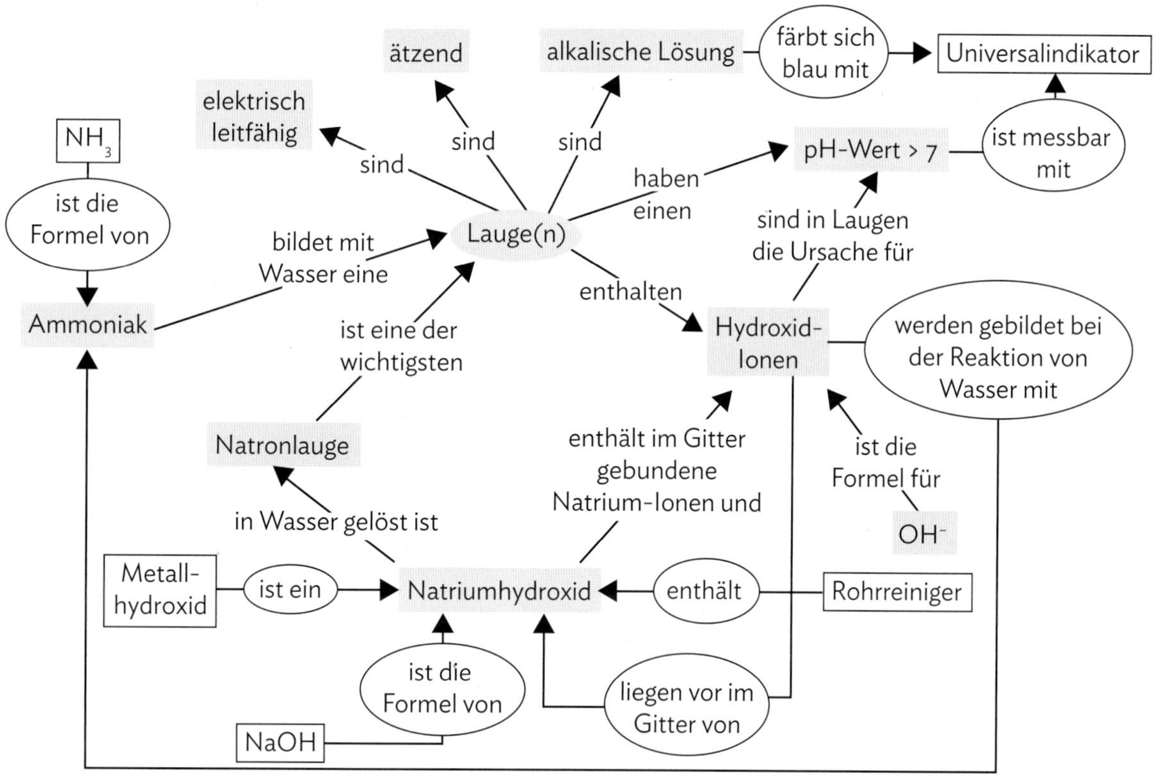

A2 Der Informationsgehalt von Concept Maps ist deutlich größer als der von Mind Maps.
Während bei Mind Maps lediglich durch Striche angedeutet wird, dass zwei Begriffe miteinander in Verbindung zu bringen sind, konkretisiert die Relation auf dem gerichteten Pfeil in einer Concept Map die Beziehung zwischen zwei Begriffen.
Concept Maps geben genauere Informationen über das Wissen über einen Sachverhalt.
Sie sind allerdings auch aufwendiger zu erstellen als Mind Maps.

A3 Offene Antwort. Ein möglicher Text könnte wie folgt formuliert sein: Laugen sind alkalische Lösungen. Typische Eigenschaften alkalischer Lösungen sind die elektrische Leitfähigkeit, die ätzende Wirkung und ein *p*H-Wert größer 7. Dieser *p*H-Wert ist darauf zurückzuführen, dass alkalische Lösungen Hydroxid-Ionen enthalten. Deren Formel ist OH^-. Eine der wichtigsten Laugen ist die Natronlauge, die man herstellen kann, indem man Natriumhydroxid in Wasser löst. Auch Ammoniakgas bildet mit Wasser eine Lauge, das Ammoniakwasser.

VERSUCHE UND MATERIAL

V AUSWERTUNG

Schulbuchseite 30

V1
V2
V3

a) Den Lebensmitteln (**V1**), Backzutaten (**V2**) und Waschmitteln bzw. Kosmetika (**V3**) kann man die folgenden Färbungen des Universalindikatorpapiers und damit *p*H-Werte zuordnen. Dabei ist zu beachten, dass die hier angegebenen Färbungen und *p*H-Werte in Abhängigkeit vom gewählten Lebensmittel (z. B. der Apfelsorte) bzw. von der gewählten Waschmittelsorte variieren können.
Apfel (hier Sorte Jonagold): rotorange, *p*H-Wert = 4; Zitrone: rot, *p*H-Wert = 2; Gurke: grün, *p*H-Wert = 8; Joghurt: rotorange, *p*H-Wert = 4;
Soda: blau, *p*H-Wert = 12; Backpulver: gelb, *p*H-Wert = 7; Hirschhornsalz: blaugrün, *p*H-Wert = 9; Zucker: gelb, *p*H-Wert = 7;
(Kern-)Seife: blau, *p*H-Wert = 11; Shampoo (hier sebamed®): orange, *p*H-Wert = 5; Shampoo (hier sebamed®): orange, *p*H-Wert = 5; Waschlotion (hier Eucerin®): orange, *p*H-Wert = 5; Gesichtscreme (hier Eucerin®): orange, *p*H-Wert = 5; Waschpulver: blaugrün; *p*H-Wert = 10

b) Anordnung der Produkte aus **V1** bis **V3** nach steigendem *p*H-Wert

*p*H-Wert	2	4	5	7	8	9	10	11	12
Produkt	Zitrone	Apfel, Joghurt	Shampoo, Waschlotion, Gesichtscreme	Backpulver, Zucker	Gurke	Hirschhornsalz	Waschpulver	(Kern)-Seife	Soda

V AUSWERTUNG

Schulbuchseite 31

V4

a) Die Lösungen werden jeweils um den Faktor 10 verdünnt.

b) Die Leitfähigkeit der Lösungen a, b und c bei **V4** steigt in der Reihenfolge c, b und a. Damit nimmt die Leitfähigkeit einer Säurelösung mit der Verdünnung ab.

c) Der *p*H-Wert der Lösungen a, b und c bei **V4** steigt in der Reihenfolge a, b und c. Damit nimmt der *p*H-Wert einer Säurelösung mit der Verdünnung zu.

d) Je höher der *p*H-Wert der Säurelösung ist, desto geringer ist ihre elektrische Leitfähigkeit.

V AUSWERTUNG

Schulbuchseite 31

V5

a) Lösung a: *p*H = 0; Lösung b: *p*H = 1; Lösung c: *p*H = 2

b) Die Messung der *p*H-Werte mit einem *p*H-Meter ist genauer als mit Universalindikatorpapier, mit dem *p*H-Meter lassen sich konkrete *p*H-Werte für Lösungen ermitteln.

c) Bei der Verdünnung einer Säurelösung um den Faktor 10 steigt ihr *p*H-Wert um eine Einheit.

d) Verdünnt man die Lösung c erneut um den Faktor 10, sollte ihr *p*H-Wert wieder um eine Einheit ansteigen und man müsste einen *p*H-Wert von *p*H=3 messen.

ERARBEITUNG

A AUFGABEN

Schulbuchseite 33

A1 Cola (*p*H = 3) reagiert sauer, Backpulverlösung (*p*H = 8) reagiert alkalisch und Leitungswasser (*p*H = 7) reagiert neutral.

A2 Beispiel 1: Der *p*H-Wert des Bodens beeinflusst die biologische Verfügbarkeit von Nährsalzen und spielt somit in der Landwirtschaft eine wichtige Rolle, da jeweils bestimmte, gewünschte Pflanzen besonders gut gedeihen sollen.
Beispiel 2: Der *p*H-Wert in Gewässer hat Einfluss auf das Wachstum und die Fortpflanzungsfähigkeit der Lebewesen.

A3 Der Gehalt an Oxonium-Ionen H_3O^+ in saurem Regenwasser ist deutlich größer als der in natürlichem Regenwasser, da der *p*H-Wert des sauren Regenwassers (*p*H = 3) kleiner als der des natürlichen Regenwassers (*p*H = 6) ist.

EXKURS > Biologie

A AUFGABEN

Schulbuchseite 35

A1 Der Wirkstoff in dem Antazidum Maaloxan®, das gegen Sodbrennen eingesetzt wird, ist das Salz Magnesiumhydroxid $Mg(OH)_2$. Beim Zerkauen von Maaloxan®-Tabletten geht das Magnesiumhydroxid in Lösung (Speichel im Mund). Dabei bilden sich Magnesium-Kationen Mg^{2+} und Hydroxid-Ionen OH^-. Im Magen reagieren die Hydroxid-Ionen OH^- mit den Oxonium-Ionen H_3O^+ der überschüssigen Magensäure (Salzsäure HCl) zu Wasser:

$HCl\ (aq) + H_2O\ (l) \longrightarrow Cl^-\ (aq) + H_3O^+\ (aq)$

$H_3O^+\ (aq) + OH^-\ (aq) \longrightarrow 2\ H_2O\ (l)$.

Dadurch steigt der *p*H-Wert im Magen wieder an und das Sodbrennen lässt nach.

A2 Menschliches Blut hat einen *p*H-Wert, der nahezu konstant bei *p*H = 7,4 liegt. Abweichungen von mehr als 0,5 *p*H-Einheiten sind lebensgefährlich.

Mit der Nahrung und durch den Stoffwechsel werden dem Blut Säuren und Basen zugeführt. Damit dadurch keine lebensgefährliche Änderung des *p*H-Wertes verursacht wird, verfügt unserer Organismus über verschiedene Puffersysteme. Unter einem Puffersystem versteht man eine Lösung aus einer schwachen Säure und einem alkalisch wirkenden Salz dieser Säure. Wird zu dieser Pufferlösung wenig von einer Säure oder einer Base zugegeben, ändert sich ihr *p*H-Wert kaum. Das Kohlensäure-Hydrogencarbonat-Puffersystem ist das wichtigste Puffersystem im Blut. Es besteht aus Kohlensäure-Molekülen H_2CO_3 und Hydrogencarbonat-Ionen HCO_3^-: $H_2CO_3\ (CO_2 + H_2O)\ /\ HCO_3^-$.

Bei Zuführung einer Base nimmt der Gehalt an Hydroxid-Ionen OH^- im Blut zu. In diesem Fall reagieren die Kohlensäure-Moleküle H_2CO_3 des Puffers als Säure und geben je ein Proton H^+ unter Bildung von Hydrogencarbonat-Ionen HCO_3^- und Wasser-Molekülen H_2O ab, sodass der *p*H-Wert des Bluts nahezu konstant bleibt: $H_2CO_3\ (aq) + OH^-\ (aq) \longrightarrow HCO_3^-\ (aq) + H_2O\ (l)$.

Umgekehrt nimmt der Gehalt an Oxonium-Ionen H_3O^+ im Blut bei Zuführung einer Säure zu. In diesem Fall reagieren die Hydrogencarbonat-Ionen HCO_3^- des Puffers als Base und nehmen jeweils ein Proton von den Oxonium-Ionen H_3O^+ unter Bildung von Kohlensäure-Molekülen und Wasser-Molekülen auf, sodass der *p*H-Wert des Bluts nahezu konstant bleibt: $H_3O^+\ (aq) + HCO_3^-\ (aq) \longrightarrow H_2CO_3\ (aq) + H_2O\ (l)$

Die Kohlensäure-Moleküle zerfallen sehr leicht zu Wasser-Molekülen H_2O und Kohlenstoffdioxid-Molekülen CO_2: $H_2CO_3\ (aq) \longrightarrow CO_2\ (g) + H_2O\ (l)$.

Das Gas Kohlenstoffdioxid wird dann durch verstärkte Atemtätigkeit vermehrt ausgeatmet. Umgekehrt wird die Lungenaktivität gedrosselt, wenn zu wenig Säure im Blut ist.

A3 Mit dem Speichel reagiert das in Zahnpflegekaugummis enthaltene Natriumcarbonat zu Hydrogencarbonat-Ionen HCO_3^- und Hydroxid-Ionen OH^-:

$Na_2CO_3\ (aq) + H_2O\ (l) \longrightarrow 2\ Na^+\ (aq) + HCO_3^-\ (aq) + OH^-\ (aq)$

A4 Der *p*H-Wert ist umso größer, je mehr Hydroxid-Ionen OH^- und weniger Oxonium-Ionen H_3O^+ vorhanden sind. Beim Kauen von Zahnpflegekaugummi entstehen Hydroxid-Ionen (vgl. Lösung zu **A3**), die zum Anstieg des *p*H-Wertes im Mund führen.

VERSUCHE UND MATERIAL

V AUSWERTUNG

Schulbuchseite 36

LV1

a) Bei der Reaktion in **LV1** entsteht ein Gas, das eine Farbänderung des mit Bromthymolblau grün gefärbten Wassers nach Gelb bewirkt, wenn es auf die Wasseroberfläche geleitet wird. Aus dieser Farbänderung (vgl. **B3**, Schulbuchseite 17) ist zu schließen, dass sich eine saure Lösung gebildet haben muss.
$2\ NaCl\ (s) + H_2SO_4(aq) \longrightarrow Na_2SO_4\ (aq) + HCl\ (g)$

b) $HCl\ (g) + H_2O\ (l) \longrightarrow Cl^-\ (aq) + H_3O^+\ (aq)$

c) Das Gas Chlorwasserstoff kann man nicht pneumatisch auffangen, da Chlorwasserstoff sehr gut in Wasser löslich ist (442 L pro 1 Liter Wasser bei 20°C).

V AUSWERTUNG

Schulbuchseite 37

LV2

a) Bei der Reaktion von Natriumhydroxid und Ammoniumchlorid mit Wasser entsteht ein Gas, bei dem es sich aufgrund des Geruchs um Ammoniak handeln könnte.

b) Bei der Reaktion in **LV2** entsteht ein charakteristisch riechendes Gas, das eine Farbänderung des mit Bromthymolblau grün gefärbten Wassers nach Blau bewirkt. Aus dieser Farbänderung (vgl. **B3**, Schulbuchseite 17) ist zu schließen, dass sich eine alkalische Lösung gebildet haben muss.
$2\ NaOH\ (s) + NH_4Cl\ (s) \longrightarrow NH_3\ (g) + NaCl\ (aq) + H_2O\ (l)$

c) Zwischen Ammoniak und Wasser läuft eine Protonenübertragungsreaktion ab.
$NH_3\ (g) + H_2O\ (l) \rightleftarrows NH_4^+\ (aq) + OH^-\ (aq)$

d) Ammoniak würde sich sofort in Wasser lösen, da die Wasserlöslichkeit von Ammoniak hoch ist. Dadurch würde kein Gas entstehen, das man auf die Indikatorlösung leiten kann.

e)

Eigenschaft	Chlorwasserstoff	Ammoniak
Aggregatzustand	gasförmig	gasförmig
Geruch	stechend	stechend
Löslichkeit in Wasser	sehr gut	sehr gut
Protolyseverhalten	Protonen-Donator	Protonen-Akzeptor

VERSUCHE UND MATERIAL

V AUSWERTUNG

Schulbuchseite 37

LV3

a) Bei **LV3** a) (konz. Salzsäure) färbt sich das gelbe Universalindikatorpapier im austretenden Nebel rot.
Bei **LV3** b) (Ammoniak) färbt sich das gelbe Universalindikatorpapier im austretenden Nebel blau.
Bei **LV3** c) bildet sich über den Flaschen (konz. Salzsäure und Ammoniak) ein weißer Nebel.

b) Bei **LV3** a) entweicht aus der Flasche gasförmiger Chlorwasserstoff, der mit Wasser (feuchtes Indikatorpapier) unter Protonenabgabe reagiert. Dabei entstehen Oxonium-Ionen, die die saure Reaktion (Rotfärbung des Indikators) bewirken.
Bei **LV3** b) entweicht aus der Flasche gasförmiger Ammoniak, der mit Wasser (feuchtes Indikatorpapier) unter Protonenaufnahme reagiert. Dabei entstehen Hydroxid-Ionen, die die alkalische Reaktion (Blaufärbung des Indikators) bewirken.

c) Da aus den Flaschen Chlorwasserstoff HCl und Ammoniak NH_3 entweichen, sollte es sich bei dem weißen Feststoff um das Salz Ammoniumchlorid NH_4Cl handeln.

d) $NH_3\,(g) + HCl\,(g) \rightleftharpoons NH_4Cl\,(s)$

ERARBEITUNG

A AUFGABEN

Schulbuchseite 39

A1 Bei der Reaktion von Chlorwasserstoff mit Wasser reagieren Chlorwasserstoff-Moleküle HCl als Säure und Wasser-Moleküle H_2O als Base zu Oxonium-Ionen (Säure) und Chlorid-Ionen (Base).

A2 Indikatoren zeigen durch Farbumschlag an, dass Ammoniaklösung eine alkalische Lösung ist (z. B. Farbumschlag nach Blau bei Universalindikator, Thymolphthalein und Bromthymolblau). Die Ammoniaklösung enthält Hydroxid-Ionen, die diese alkalische Reaktion bewirken.
Indikatoren zeigen durch Farbumschlag an, dass Chlorwasserstofflösung eine saure Lösung ist (z. B. Farbumschlag nach Rot bei Universalindikator und nach Gelb bei Bromthymolblau, Thymolphthalein bleibt farblos). Die Chlorwasserstofflösung enthält Oxonium-Ionen, die diese saure Reaktion bewirken.

VERSUCHE UND MATERIAL

V AUSWERTUNG

Schulbuchseite 40

V1
V2

a) Der *p*H-Wert der Natronlauge der Konzentration c = 1 mol/L ist *p*H(NaOH) = 14.
Der *p*H-Wert der Salzsäure der Konzentration c = 1 mol/L ist *p*H(HCl) = 0.
Der *p*H-Wert des Natronlauge-Salzsäure-Gemisches ist *p*H(Gemisch) = 7

b) NaOH (aq) + HCl (aq) ⟶ NaCl (aq) + H_2O (l) | exotherme Reaktion

c) Bei der Reaktion von Citronensäure mit Natriumhydroxid schäumt das feste Gemisch auf und dampft und das Watesmo-Papier färbt sich blau, was das Entstehen von Wasser als Reaktionsprodukt anzeigt. Da sich die Lösung der Reaktionsprodukte in Wasser mit Universalindikator grün färbt, muss es sich um eine neutrale Lösung handeln. Man kann schließen, dass eine Neutralisationsreaktion stattgefunden hat, bei der sich Natriumcitrat und Wasser gebildet haben.

d) Mit der Blaufärbung von Watesmo-Papier wird Vorhandensein von Wasser nachgewiesen. Würde man das Watesmo-Papier während des Befüllens mit Wasser im Reagenzglas lassen, würde es sich blau färben und man könnte Wasser als eventuelles Reaktionsprodukt nicht mehr nachweisen.

V AUSWERTUNG

Schulbuchseite 41

V3
V4

a) Auswertung der Titrationen von Natronlauge mit Salzsäure der Konzentration c = 0,1 mol/L:

1. Reaktionsgleichung: NaOH (aq) + HCl (aq) ⟶ NaCl (aq) + H_2O (l)
2. Stoffmengenverhältnis von Säure zu Base:
   $n(\text{NaOH}) : n(\text{HCl}) = 1 : 1; n(\text{NaOH}) = n(\text{HCl})$
3. Umformulierung der Stoffmengenbeziehung nach $n = c \cdot V$:
   $c(\text{NaOH}) \cdot V(\text{NaOH}) = c(\text{HCl}) \cdot V(\text{HCl})$
4. Umformen der Gleichung nach der Stoffmengenkonzentration der Lösung mit unbekannter Konzentration:
   $$c(\text{NaOH}) = \frac{c(\text{HCl}) \cdot V(\text{HCl})}{V(\text{NaOH})}$$
5. Einsetzen der Werte und Berechnung der Stoffmengenkonzentration der unbekannten Lösung:
   $$c(\text{NaOH}) = \frac{0{,}1\ \text{mol/L} \cdot 10\ \text{mL}}{20\ \text{mL}} = 0{,}05\ \text{mol/L}$$
   Die Konzentration der Natronlauge ist c(NaOH) = 0,05 mol/L.

b) Ein Vorteil der Titration im Miniaturmaßstab ist der geringere Verbrauch an Lösung, ein Nachteil, dass die benötigten Gefäße und Geräte nicht oft zur Verfügung stehen. Ein Vorteil der Titrationsdurchführung in **V3** liegt im besseren Erkennen der Vorgänge, gegenüber der Titration im Miniaturtitration wird allerdings mehr Lösung verbraucht. Die Genauigkeit der beiden Titrationsvarianten ist vergleichbar.

V AUSWERTUNG

Schulbuchseite 41

M1

Punkt A zeigt den Äquivalenzpunkt der Titration (4); Punkt B entspricht dem *p*H-Wert der Salzsäure (1); Punkt C zeigt den *p*H-Wert der Natronlauge (2); Punkt D gibt den Verbrauch an Natronlauge an (3).

ERARBEITUNG

A AUFGABEN

Schulbuchseite 43

A1 a) Ionengleichung der Reaktion von Salpetersäure mit Kaliumhydroxidlösung zu Kaliumnitrat und Wasser:
$H_3O^+ (aq) + NO_3^- (aq) + K^+ (aq) + OH^- (aq) \longrightarrow K^+ (aq) + NO_3^- (aq) + 2\,H_2O (l)$

b) Ionengleichung der Reaktion von Schwefelsäure mit Natronlauge zu Natriumsulfat und Wasser:
$2\,H_3O^+ (aq) + SO_4^- (aq) + 2\,Na^+ (aq) + 2\,OH^- (aq) \longrightarrow 2\,Na^+ (aq) + SO_4^- (aq) + 4\,H_2O (l)$

A2 Die Reaktionsgleichung für die Reaktion von Schwefelsäure mit Calciumhydroxid lautet:
$H_2SO_4 (aq) + Ca(OH)_2 (s) \longrightarrow CaSO_4 (aq) + 2\,H_2O (l)$

A3 In übersäuerten Böden liegen überschüssige Oxonium-Ionen H_3O^+ vor, die mit Calciumoxid unter Bildung von Wasser neutralisiert werden können:
$2\,H_3O^+ (aq) + CaO (s) \longrightarrow Ca^{2+} (aq) + 3\,H_2O (l)$

FACHMETHODE: Eine Säure-Base-Titration durchführen

A AUFGABE

Schulbuchseite 44

A1 Die Titration von 20 mL Natronlauge, c = 0,1 mol/L, mit Salzsäure, c = 0,1 mol/L, wird praktisch durchgeführt. Theoretisch liegt bei dieser Titration der Verbrauch Salzsäure bei V = 20 mL. Der praktisch erhaltene Mittelwert für das verbrauchte Volumen an Salzsäure kann in Abhängigkeit von verschiedenen Fehlerquellen mehr oder weniger von dem theoretischen Wert abweichen. Ein Vergleich des erhaltenen Mittelwerts mit dem theoretisch ermittelten Wert wird ergeben, dass der erhaltene Mittelwert entweder gleich, größer oder kleiner als V(HCl) = 20 mL ist.

Ist der praktische Mittelwert gleich dem theoretischen Wert, wurde sehr genau und sauber gearbeitet sowie der Äquivalenzpunkt exakt ermittelt.

Ist der praktische Mittelwert größer als der theoretische Wert, wurde eventuell übertitriert, z. B. durch zu schnelles Zutropfen oder zu geringes Schütteln.

Ist der praktische Mittelwert kleiner als der theoretische Wert, wurde z. B. der Äquivalenzpunkt noch nicht erreicht; das Ansetzen einer neutralen Vergleichslösung mit Indikator ist hilfreich.

Insgesamt sollte hier eine Auseinandersetzung mit möglichen Fehlerquellen bei einer Titration erfolgen, zu diesen zählen z. B.:

- Ungenauigkeiten beim Abmessen des Volumens der Vorlage (Restvolumen in der Pipette, Ablesefehler)
- zu schnelles Titrieren, wodurch der Umschlagpunkt verpasst wird (Übertitration)
- verunreinigte Geräte
- Ungenauigkeiten beim Ablesen des Verbrauches an Maßlösung
- Ältere, alkalische Lösungen können an der Luft Kohlenstoffdioxid aufnehmen, sodass sich die Konzentration der Lauge verringert, da gebildete Kohlensäure zu entsprechenden Carbonaten reagiert.

FACHMETHODE: Eine Säure-Base-Titration auswerten

A AUFGABE

Schulbuchseite 45

A1 Die Konzentration einer Salzsäurelösung soll rechnerisch bestimmt werden. Bei der Durchführung einer Säure-Base-Titration von 15 mL der Salzsäure mit Natronlauge der Konzentration c(NaOH) = 0,05 mol/L (Maßlösung) wird ein Verbrauch an Natronlauge von V(NaOH) = 25 mL ermittelt.

1. Aufstellen der Reaktionsgleichung: $HCl + NaOH \longrightarrow NaCl + H_2O$
2. Stoffmengenverhältnis Salzsäure zu Natronlauge: $n(HCl) : n(NaOH) = 1 : 1$
3. Umformulieren der Stoffmengenbeziehung: $c(HCl) \cdot V(HCl) = c(NaOH) \cdot V(NaOH)$

4. und 5.

Umformen der Größengleichung nach der unbekannten Stoffmengenkonzentration der Salzsäure, Einsetzen der bekannten Werte und Berechnen der Stoffmengenkonzentration der Salzsäure:

$$c(HCl) = \frac{c(NaOH) \cdot V(NaOH)}{V(HCl)} = \frac{0{,}05\ mol/L \cdot 25\ mL}{15\ ml} = 0{,}083333\ mol/L$$

Die Konzentration der Salzsäure ist c(HCl) = 0,083 mol / L.

FACHMETHODE: Salze durch verschiedene Reaktionen herstellen

A **AUFGABEN** Schulbuchseite 46

A1

1. unedles Metall + Säurelösung ⟶ Salzlösung + Wasserstoff
   Barium + Schwefelsäure ⟶ Bariumsulfat und Wasserstoff
   $Ba\ (s) + H_2SO_4\ (aq) \longrightarrow BaSO_4\ (aq) + H_2\ (g)$
2. Metalloxid + Säurelösung ⟶ Salzlösung + Wasser
   Bariumoxid + Schwefelsäure ⟶ Bariumsulfat und Wasser
   $BaO\ (s) + H_2SO_4\ (aq) \longrightarrow BaSO_4\ (aq) + H_2O\ (l)$
3. Säure + Lauge ⟶ Salzlösung + Wasser
   Bariumhydroxid + Schwefelsäure ⟶ Bariumsulfat und Wasser
   $Ba(OH)_2\ (s) + H_2SO_4\ (aq) \longrightarrow BaSO_4\ (aq) + 2\ H_2O\ (l)$

A2

Reaktion von Kohlenstoffdioxid mit Kalkwasser (Calciumhydroxid $Ca(OH)_2$) zu Calciumcarbonat $CaCO_3$ und Wasser
Wortgleichung:
Kohlenstoffdioxid + Calciumhydroxidlösung ⟶ Calciumcarbonat + Wasser
Reaktionsgleichung:
$CO_2\ (g) + Ca(OH)_2\ (aq) \longrightarrow CaCO_3\ (s) + H_2O\ (l)$
allgemeine Reaktionsgleichung:
Nichtmetalloxid + Lauge ⟶ Salz(lösung) + Wasser

EXKURS > Korallenbleiche und Säure-Base-Reaktionen

A AUFGABEN

Schulbuchseite 47

A1 Zu einer Zerstörung eines Korallenriffs können z. B. erhöhte Wassertemperaturen und die Versauerung des Meerwassers durch vermehrte Aufnahme von Kohlenstoffdioxid führen. Durch die erhöhten Wassertemperaturen sterben Algen, die die Korallen mit Nährstoffen versorgen. Infolgedessen sterben auch die Korallen ab, die Korallenstöcke verbleichen und nur die Kalkgerüste bleiben zurück.
Durch die gesteigerte Aufnahme von Kohlenstoffdioxid im Meerwasser in Folge des Klimawandels bildet sich in dem Wasser zunächst Kohlensäure (CO_2 (g) + H_2O (l) $\longrightarrow$ H_2CO_3 (aq)), wodurch der *p*H-Wert des Wassers sinkt. Durch diese saure Lösung wird der Kalk (Calciumcarbonat) des Korallenriffs angegriffen, das schwerlösliche Calciumcarbonat (Kalk) bildet dann lösliches Calciumhydrogencarbonat und die Riffe lösen sich auf:
$CaCO_3$ (s) + H_2O (l) +CO_2 (aq) $\longrightarrow$ 2 HCO_3^- (aq) + Ca^{2+} (aq).

A2 Lösung für 1. Auflage, 1. Druck 2017:
Die erste Gleichung gibt die Bildung von Kohlensäure durch Einleiten von Kohlenstoffdioxid in Wasser wieder: CO_2 (g) + H_2O (l) $\longrightarrow$ H_2CO_3 (aq).

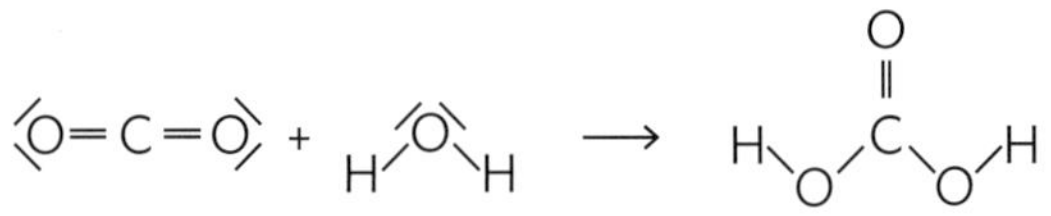

Bei dieser Reaktion handelt es sich um die Bildung einer (instabilen) Säure und nicht um eine Säure-Base-Reaktion. Bei der Umorganisation der beteiligten Atome kommt es nicht nur zu einem Protonentransfer. Daher kann hier eine Zuordnung der Begriffe Protonen-Donator und Protonen-Akzeptor nicht erfolgen.
Da Kohlensäure-Moleküle nicht stabil sind, kommt es in Wasser zur Protonenübertragungsreaktion und der Bildung von Hydrogencarbonat-Ionen und Oxonium-Ionen:
H_2CO_3 (aq) + H_2O (l) $\longrightarrow$ HCO_3^- (aq) + H_3O+ (aq).
Bei diesem Prozess lassen sich dann ein Kohlensäure-Molekül als Protonen-Donator und ein Wasser-Molekül als Protonen-Akzeptor klassifizieren.

Die zweite Gleichung ist eine Zusammenfassung der Prozesse beim Abbau von Calciumcarbonat in saurer Lösung:
$CaCO_3$ (s) + H_2O (l) + CO_2 (aq) $\longrightarrow$ 2 HCO_3^- (aq) + Ca^{2+} (aq).
Auch hier ist keine direkte Zuordnung möglich. Betrachtet man aber die drei Teilgleichungen einzeln, kann man für die Gleichungen 2 und 3 die folgende Zuordnung vornehmen:
(1) H_2O (l) + CO_2 (g) $\longrightarrow$ H_2CO_3 (aq)
(2) H_2CO_3 (aq) + H_2O (l) $\longrightarrow$ H_3O^+ (aq) + HCO_3^- (aq)
(3) H_3O^+ (aq) + $CaCO_3$ (s) $\longrightarrow$ HCO_3^- (aq) + H_2O (l) + Ca^{2+} (aq)

Gleichung (2): Protonen-Donator: Kohlensäure-Molekül H_2CO_3, Protonen-Akzeptor: Wasser-Molekül H_2O
Gleichung (3): Protonen-Donator: Oxonium-Ion H_3O^+, Protonen-Akzeptor: Carbonat-Ion CO_3^{2-} aus $CaCO_3$

Lösung für 2. Auflage, 1. Druck 2018:
Löst man Kohlenstoffdioxid in Wasser, bildet sich Kohlensäure H_2CO_3. Diese ist nicht stabil und zerfällt nach folgender Protolysegleichung:
H_2CO_3 (aq) + H_2O (l) $\longrightarrow$ H_3O^+ (aq) + HCO_3^- (aq)
Die danach entstehenden Oxonium-Ionen sind für das Absinken des *p*H-Werts verantwortlich.

EXKURS > Korallenbleiche und Säure-Base-Reaktionen

A AUFGABEN

Schulbuchseite 47

A3 Ein Vorteil der guten Löslichkeit von Kohlenstoffdioxid in Wasser ist, dass große Mengen an Kohlenstoffdioxidgas aus der Atmosphäre in Meerwasser gebunden werden können, die somit nicht als Treibhausgas in der Atmosphäre wirksam sind. Nachteilig ist, dass gelöstes Kohlenstoffdioxid mit Wasser eine kohlensaure Lösung bildet, was zur Zerstörung von Korallenriffen, Muscheln und Krustentieren führen kann (vgl. Lösung zu **A1**).

A4 Offene Antwort. Als mögliche Diskussionspunkte könnten genannt werden, dass einerseits Touristenströme die sensible Meereslandschaft zusätzlich schädigen, andererseits ein aufklärender Tourismus dazu führen kann, dass mehr Menschen für die Problematik der Meerwasserversauerung und ihrer Folgen sensibilisiert werden.

ZUM ÜBEN UND WEITERDENKEN

A AUFGABEN

Schulbuchseite 48, 49

A1 Wasser-Moleküle können sowohl als Protonen-Akzeptoren als auch als Protonen-Donatoren wirken. Sie sind Ampholyte.
Gibt ein Wasser-Molekül ein Proton ab, entstehen ein Hydroxid-Ion und ein Proton:
$H_2O \longrightarrow OH^- + H^+$
Nimmt ein Wasser-Molekül ein Proton auf, entsteht ein Oxonium-Ion:
$H_2O + H^+ \longrightarrow H_3O^+$.

A2
a) Beim Wäschewaschen mit Vollwaschmitteln ist ein hoher *p*H-Wert von *p*H = 10 bis *p*H = 11 notwendig, damit die Tenside und die in den Waschmitteln enthaltenen Wirkstoffe voll zur Entfaltung kommen. Wolle besteht aber aus Tierhaaren, die durch alkalische Waschmittel geschädigt werden (z. B. Verfilzung). Wolle sollte daher schonend mit speziellen Feinwaschmitteln (Wollwaschmitteln) gewaschen werden, deren *p*H-Wert niedriger (*p*H = 7) ist. So werden die Fasern geschont, allerdings ist auch die Waschleistung geringer.
b) Die Düngung von Böden mit Calciumhydroxid führt dazu, dass Kalkwasser, Calciumhydroxid $Ca(OH)_2$ (aq), Säuren im Boden abpuffert, neutralisiert, sodass in versauerten Böden wieder Nährstoffe verfügbar und das Bodenleben gefördert werden. Kalkwasser reguliert den *p*H-Wert, indem überschüssige Oxonium-Ionen H_3O^+ im Boden durch die Hydroxid-Ionen OH^- des Kalkwassers neutralisiert werden:
$H_3O^+ + OH^- \longrightarrow 2\,H_2O$.
c) Wenn sich der *p*H-Wert von Regenwasser in den letzten 100 Jahren deutlich verringert hat, heißt das, dass das Regenwasser immer saurer geworden ist. Die Ursache hierfür ist die anthropogene Luftverschmutzung durch Emissionsgase, die mit dem Regenwasser sauren Regen bilden.

A3 Calcium reagiert mit Wasser zu Calciumhydroxid und gasförmigem Wasserstoff:
$Ca\,(s) + 2\,H_2O\,(l) \longrightarrow Ca(OH)_2\,(aq) + H_2\,(g)$
Das Gas Wasserstoff schäumt den Beton zunächst auf. Während des Aushärtens des Betons entweicht Wasserstoff wieder, aber die die Hohlräume bleiben (poröser Gasbeton).

A4 Der *p*H-Wert einer Lösung aus einer Geschirrspültablette mit Wasser ist höher als der *p*H-Wert eines Flüssigspülmittels (Handspülmittel). Im Geschirrspüler können stärker alkalische Lösungen zur Reinigung genutzt werden, da die Spüllösungen nicht mit der Haut in Kontakt kommen, denn stark alkalischen Lösungen greifen die Haut an. Folglich können hartnäckige Schmutzreste mit der Maschine besser gelöst werden. Flüssigspülmittel haben zwar einen niedrigeren *p*H-Wert, die Reinigungskraft ist geringer, dafür sind sie aber hautfreundlicher.

A5
a) An den Stellen, an denen die Ameisen über den Streifen Universalindikatorpapier krabbeln, färbt sich das Papier rot. Diese Verfärbung des Papiers zeigt das Vorhandensein einer Säure an (vgl. **B3**, S. 17 im Schülerbuch). Die Säure muss von den Ameisen stammen, es handelt sich um Ameisensäure (Methansäure). Diese dient den verschiedenen Insekten als Gift zu Verteidigungs- und Angriffszwecken.
b) Bei einem Ameisenbiss gelangt Ameisensäure (Methansäure) auf und unter die Haut. Die Ameisensäure wirkt ätzend und verursacht daher Schmerzen. Seifenlösungen sind alkalisch. Als Lösung spült eine Seifenlösung die Säure erst einmal von der Haut, desweiteren neutralisiert sie als alkalische Lösung gleichzeitig die (Ameisen-)Säure.

ZUM ÜBEN UND WEITERDENKEN

A AUFGABEN

Schulbuchseite 48, 49

A6 Natrium reagiert mit Wasser zu Natronlauge und Wasserstoff:

$Na\ (s) + H_2O\ (l) \longrightarrow NaOH\ (aq) + H_2\ (g).$

Bei dieser stark exothermen Reaktion schmilzt Natrium und bildet eine Kugel. Auf feuchtem Papier bleibt diese geschmolzene Natriumkugel auf einer Stelle liegen und die freiwerdende Wärme entzündet den Wasserstoff (Flammenbildung). Auf einer Wasseroberfläche kann sich die Natriumkugel dagegen schnell hin und her bewegen, sodass die freiwerdende Wärme und der Wasserstoff verteilt werden.

A7

Säure	Anzahl Wasserstoff-Atome im Molekül	Säurerest-Anion	Anzahl der elektrischen Ladungen im Säurerest-Anion	Verhältnis Anzahl Wasserstoff-Atome im Molekül : Anzahl der elektrischen Ladungen im Säurerest-Anion
Salpetersäure HNO_3	1	NO_3^-	1	1 : 1
Schwefelsäure H_2SO_4	2	SO_4^{2-}	2	1 : 1
Phosphorsäure H_3PO_4	3	PO_4^{3-}	3	1 : 1

Aus der Molekülformel einer Säure lässt sich die Anzahl der elektrischen Ladungen im entsprechenden Säurerest-Anion ableiten. Sie entspricht der Anzahl der Wasserstoff-Atome im Säure-Molekül.

A8

a) Reaktion von Salpetersäure mit Wasser:

$HNO_3\ (aq) + H_2O\ (l) \longrightarrow H_3O^+\ (aq) + NO_3^-\ (aq)$

b) Reaktion von Schwefelsäure mit Wasser:

$H_2SO_4\ (aq) + H_2O\ (l) \longrightarrow H_3O^+\ (aq) + HSO_4^-\ (aq)$

$HSO_4^-\ (aq) + H_2O\ (l) \longrightarrow H_3O^+\ (aq) + SO_4^{2-}\ (aq)$

c) Reaktion von Phosphorsäure mit Wasser:

$H_3PO_4\ (aq) + H_2O\ (l) \longrightarrow H_3O^+\ (aq) + H_2PO_4^-\ (aq)$

$H_2PO_4^-\ (aq) + H_2O\ (l) \longrightarrow H_3O^+\ (aq) + HPO_4^{2-}\ (aq)$

$HPO_4^{2-}\ (aq) + H_2O\ (l) \longrightarrow H_3O^+\ (aq) + PO_4^{3-}\ (aq)$

A9 Die Indikatorlösung Bromthymolblau nimmt in Mineralwasser eine gelbgrüne Farbe an. Danach muss der *p*H-Wert des Mineralwassers kleiner als *p*H = 7 sein. Beim Erhitzen des Mineralwasser mit dem Bromthymolblau färbt sich die Lösung dann blau, der *p*H-Wert des Wassers wird wieder größer (vgl. **B3**, Seite 17 im Schülerbuch). Die Farbumschläge bzw. *p*H-Änderungen beruhen darauf, dass Mineralwasser in Wasser gelöstes Kohlenstoffdioxid CO_2 enthält, das in geringem Maße zu Kohlensäure H_2CO_3 reagiert. Diese bewirkt die saure Reaktion des Mineralwassers und die Gelbgrünfärbung des Bromthymolblau. Erhitzt man Mineralwasser, entweicht Kohlenstoffdioxid. Dadurch verringert sich der Gehalt an Kohlensäure und der *p*H-Wert des Wassers steigt (das Wasser wird alkalischer), was durch den Farbumschlag des Bromthymolblaus nach Blau sichtbar wird.

A10 Nach Brønstedt ist eine Säure-Base-Reaktion eine Protonenübertragungsreaktion.
Die Reaktion von festem Ammoniumchlorid mit festem Natriumhydroxid
$NH_4Cl (s) + NaOH (s) \longrightarrow NH_3 (g) + NaCl (aq) + H_2O (l)$
kann nach dieser Definition als Säure-Base-Reaktion klassifiziert werden, da jeweils ein Proton von den Ammonium-Ionen des Ammoniumchlorids auf die Hydroxid-Ionen des Natriumhydroxids übertragen wird. Dabei bilden sich Ammoniak-Moleküle und Wasser-Moleküle:

$$NH_4^+ \longrightarrow NH_3 + H^+$$
$$OH^- + H^+ \longrightarrow H_2O$$
$$\overline{NH_4^+ + OH^- \longrightarrow H_2O + NH_3}$$

Somit reagieren die Ammonium-Ionen NH_4^+ als Säure unter Bildung der Ammoniak-Moleküle als Base und die Hydroxid-Ionen OH^- als Base unter Bildung der Wasser-Moleküle als Säure.

A11

a) Lösung 1: Wird Lösung 1 mit Universalindikatorlösung versetzt, färbt sich die Gesamtlösung grün, Lösung 1 muss eine neutrale Lösung sein.
Lösung 2: Wird Lösung 2 zu Lösung 1 gegeben und die Gesamtlösung mit Universalindikatorlösung versetzt, färbt sich diese blau. Lösung 2 muss eine alkalische Lösung sein, da die Blaufärbung eine alkalische Reaktion der Gesamtlösung, also einen Überschuss an Hydroxid-Ionen, anzeigt.
Lösung 3: Wird Lösung 3 zu Lösung 1 gegeben und die Gesamtlösung mit Universalindikatorlösung versetzt, färbt sich diese zuerst wieder grün und dann bei weiterer Zugabe von Lösung 3 rot. Lösung 3 muss eine saure Lösung sein, da die zuerst eintretende Grünfärbung der Gesamtlösung eine Neutralisation der vorhandenen alkalischen Lösung aus 1 und 2 durch eine Säure (3) anzeigt, die folgende Rotfärbung zeigt dann die saure Reaktion der Gesamtlösung aus den Lösungen 1, 2 und 3.

b) Als alkalische Lösungen für Lösung 2 kommen z. B. Natronlauge NaOH und Kalilauge KOH infrage. Als saure Lösungen für Lösung 3 kommen z. B. Salzsäure HCl und Schwefelsäure H_2SO_4 infrage.

A12 Reaktionsgleichung der Stoffumsetzung:
$NaOH + HCl \longrightarrow NaCl + H_2O$

Stoffmengenverhältnis:
$n(NaOH) = n(HCl) = 1:1$

Umformen von $n(HCl)$ nach der Größengleichung $n = c \cdot V$:
$n(NaOH) = c(HCl) \cdot V(HCl)$

Einsetzen der bei der Titration erhaltenen Werte:
$n(NaOH) = 1\ mol/\ L \cdot 0{,}027\ L = 0{,}027\ mol$

Die Stoffmenge an Natriumhydroxid in 10 g „Rohrfrei" beträgt 0,027 mol.

Berechnung der Masse an Natriumhydroxid in 10 g „Rohrfrei" mithilfe der Größengleichung $m = n \cdot M$:
$m(NaOH) = n(NaOH) \longrightarrow M(NaOH) = 0{,}027\ mol \longrightarrow 40\ g/\ mol = 1{,}08\ g$

Die Masse an Natriumhydroxid in 10 g „Rohrfrei" beträgt 1,08 g.

ZUM ÜBEN UND WEITERDENKEN

A AUFGABEN

Schulbuchseite 48, 49

A13 Bei der Reaktion von Salzsäure mit Magnesium entstehen Magnesiumchlorid und Wasserstoff:

$Mg (s) + 2 HCl (aq) \longrightarrow MgCl_2 (aq) + H_2 (g)$

Da bei dieser Reaktion Säure verbraucht wird und neutrale Reaktionsprodukte entstehen, sollte der Universalindikator von Rot nach Grün (ggf. nur nach Gelb) umschlagen.

A14 Offene Antwort. Eine Concept Map zum Thema „Säuren und Laugen“ könnte z. B. wie folgt aussehen:

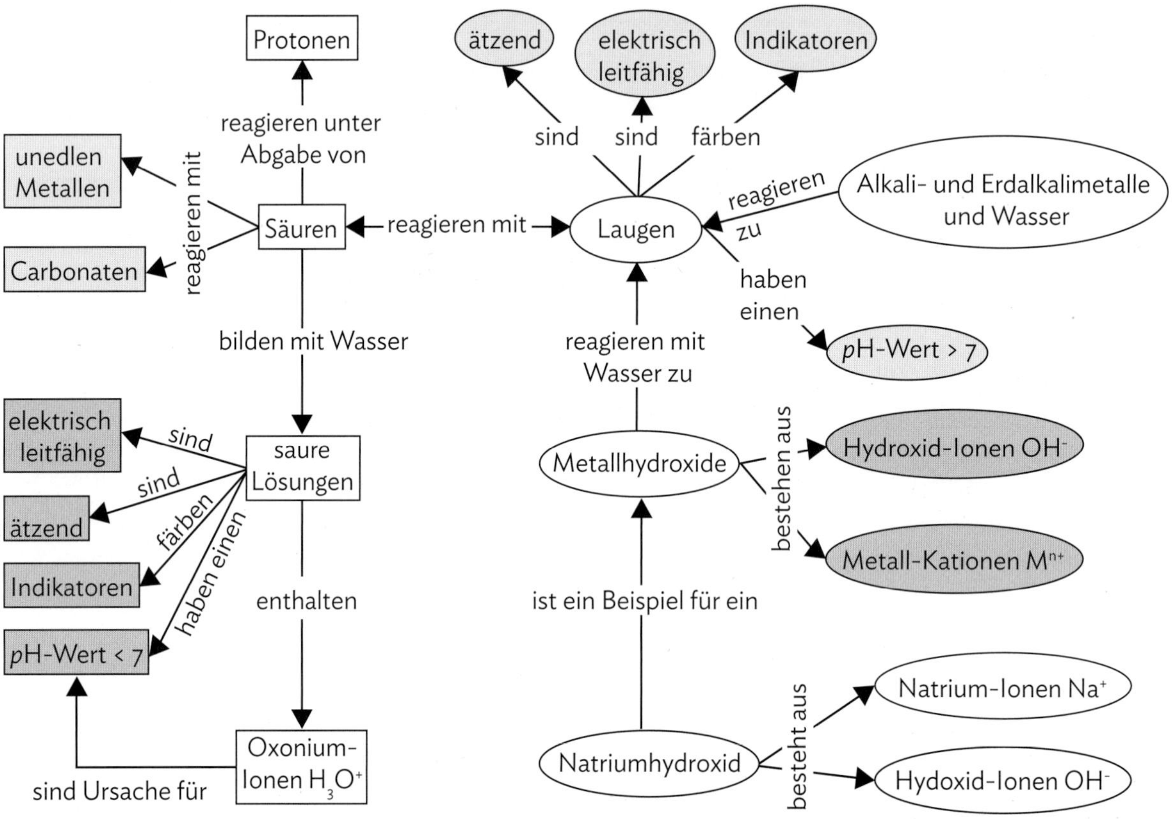

Beispiele für mögliche Begriffspaare mit den Relationen und Erläuterungen:

a) Alkali- und Erdalkalimetalle reagieren mit Wasser zu Laugen. Z. B. reagieren Natrium und Wasser heftig unter Wasserstoffentwicklung zu Natronlauge:

$2 Na (s) + 2 H_2O (l) \longrightarrow 2 NaOH (aq) + H_2 (g)$

Dies kann man zeigen, indem man ein Stück entrindetes Natrium auf eine Wasseroberfläche gibt. Dann bildet sich eine geschmolzene Natriumkugel, die sich auf der Wasseroberfläche hin- und herbewegt und dabei immer kleiner wird. Färbt man das Wasser vorher mit Universalindikator an, ist ein Farbumschlag von Grün (neutrale Lösung) nach Blau (alkalische Lösung) zu beobachten.

b) Säuren reagieren mit unedlen Metallen unter Bildung von Wasserstoff. Z. B. reagiert Magnesium mit Schwefelsäure zu Magnesiumsulfat und Wasserstoff:

$Mg (s) + H_2SO_4 (aq) \longrightarrow MgSO_4 (aq) + H_2 (g)$

Dies kann man zeigen, indem man einen Magnesiumspan in verdünnte Schwefelsäure gibt. Magnesium löst sich unter Bildung von Magnesiumsulfat und Wasserstoff in einer heftigen Reaktion auf.

A15 Essigsäure ist eine Säure. Säuren reagieren mit Marmor, Calciumcarbonat $CaCO_3$, unter Bildung des Gases Kohlenstoffdioxid, sodass der Baustoff zerstört wird.

A16 1. Kaliumoxid; 2. Hydroxid-Ionen; 3. Rohrreiniger; 4. ätzend; 5. Oxonium-Ionen; 6. Phosphat-Ionen; 7. Bürette; 8. Liter; 9. amphoter; 10. Pipette, 11. Ammoniak; 12. Titration; 13. Natronlauge
Lösungswort: Konzentration

M1 Der Chlorwasserstoff-Springbrunnen

Schulbuchseite 50, 51

A1 Abbildung **a** zeigt den Versuchsaufbau zur Herstellung von gasförmigem Chlorwasserstoff. Dazu wird Schwefelsäure aus einem Tropftrichter auf Natriumchlorid in einem Erlenmeyerkolben getropft. Das entstehende Chlorwasserstoffgas wird durch Luftverdrängung über ein Glasrohr in einem Rundkolben aufgefangen.
Abbildung **b** zeigt den Rundkolben, der mit Chlorwasserstoffgas gefüllt ist.
Dieser wird mit einem Verschlussstopfen aus Gummi versehen. In dem Stopfen steckt ein zur Spitze ausgezogenes Glasrohr. In das Glasrohr wurde ein Glashahn über Gummiverbindungen eingebaut. Dieser Hahn ist noch geschlossen. Diese Spitze des Glasrohres ragt in den Kolben. Mit dem anderen Ende taucht das Glasrohr in ein Gefäß mit Wasser, das durch Bromthymolblau grünblau gefärbt ist.
In Abbildung **c** ist zu sehen, dass das Wasser nach dem Öffnen des Glashahns hoch in das Glasrohr steigt und nach oben in den Rundkolben mit dem Chlorwasserstoff spritzt. Dabei ändert sich die Farbe des indikatorhaltigen Wassers im Rundkolben von Grünblau nach Gelb.

A2 Das mit Bromthymolblau versetzte Wasser ist grünblau gefärbt. Diese Färbung zeigt an, dass das Wasser neutral ist (vgl. **B3**, Schulbuchseite 50). Der Farbumschlag dieser Wasser-Bromthymolblaulösung in dem Rundkolben mit Chlorwasserstoff nach Gelb zeigt, dass hier nun eine säurehaltige Lösung vorliegen muss. In Säuren sind Oxonium-Ionen vorhanden, die bei diesem Indikator eine Gelbfärbung hervorrufen.

A3 Chlorwasserstoffgas löst sich sehr gut in Wasser. In dem ersten Wassertropfen, der in den Rundkolben gelangt, löst sich ein großer Teil des Chlorwasserstoffgases. Im gelösten Zustand nimmt Chlorwasserstoff ein sehr viel geringeres Volumen ein. Dadurch entsteht ein starker Unterdruck, der weiteres Wasser in den Kolben „saugt". Die fortlaufende Aufnahme von Chlorwasserstoffgas verstärkt den Unterdruck weiter, sodass das Wasser immer rascher durch das Glasrohr nach oben schießt und einen „Springbrunnen" bildet.

A4 Damit sich ein „Springbrunnen" bilden kann, muss sich im Rundkolben ein starker Unterdruck aufbauen. Dies ist nur möglich, wenn sich das Gas, das sich in dem Kolben befindet, sehr gut wasserlöslich ist. Nach den Angaben zur Wasserlöslichkeit in der Tabelle in **B2**, Schulbuchseite 50, lässt sich folgende Einteilung machen:
Geeignet für einen Springbrunnenversuch sind Chlorwasserstoff und Ammoniak.
Nicht geeignet für einen Springbrunnenversuch sind Sauerstoff, Stickstoff, Wasserstoff, Chlor und Kohlenstoffdioxid.

ZUM ÜBEN UND WEITERDENKEN

M1 Der Chlorwasserstoff-Springbrunnen

Schulbuchseite 50, 51

A5

Ammoniakgas kann man herstellen, indem man konzentrierte Ammoniaklösung aus einem Tropftrichter auf festes Natriumhydroxid in einem Erlenmeyerkolben tropft (Abzug!).
Das dabei entstehende trockene Ammoniakgas fängt man über ein Glasrohr in einem Rundkolben durch Verdrängung der Luft auf. Dieser mit Ammoniakgas gefüllte Rundkolben wird mit einem Verschlussstopfen aus Gummi versehen. In dem Stopfen steckt ein zur Spitze ausgezogenes Glasrohr. In das Glasrohr wurde ein Glashahn über Gummiverbindungen eingebaut. Dieser Hahn ist zunächst geschlossen. Diese Spitze des Glasrohres ragt in den Kolben. Mit dem anderen Ende taucht das Glasrohr in ein Gefäß mit Wasser, das mit Thymolphthalein versetzt ist. Diese Lösung ist farblos. Nach dem Öffnen des Glashahns steigt das Wasser in das Glasrohr und spritzt hoch in den Rundkolben. Dabei färbt sich das indikatorhaltige Wasser blau und zeigt damit eine alkalische Lösung an.

A6

Geeignete Indikatoren für einen Ammoniak-Springbrunnen müssen einen gut sichtbaren Farbumschlag beim Übergang von einer neutralen zu einer alkalischen Lösung zeigen. Nach **B3**, Schulbuchseite 50, kämen daher folgende Indikatoren für einen Ammoniak-Springbrunnen in Frage:

- Thymolblau, Farbumschlag von Gelb nach Blau
- Lackmus, Farbumschlag von Rot nach Blau
- Bromthymolblau, Farbumschlag von Farblos nach Blau.

M2 Laugenbrezeln

Schulbuchseite 50, 51

A1 Natronlauge ist eine stark alkalische Lösung und wirkt ätzend sowie stark keimtötend. Dadurch sterben Schimmelpilze und Bakterien ab. Backbleche sind häufig mit wasserunlöslichen Fetten verunreinigt. Diese werden durch die Natronlauge zersetzt, wobei wasserlösliche Verbindungen entstehen.

A2 Beim Backen entweicht Kohlenstoffdioxid CO_2 aus den Poren der Brezeln. Dieses löst sich an der Oberfläche der Brezel in der Natronlauge. Dabei reagiert das gasförmige Kohlenstoffdioxid zunächst mit dem Wasser der Lösung unter Bildung von Kohlensäure H_2CO_3:
$CO_2\ (g) + H_2O\ (l) \longrightarrow H_2CO_3\ (aq)$
Die Kohlensäure reagiert dann mit der Natronlauge zu dem Salz der Säure, Natriumcarbonat, und Wasser, sie wird also durch die Natronlauge neutralisiert:
$H_2CO_3\ (aq) + 2\ NaOH\ (aq) \longrightarrow Na_2CO_3\ (aq) + 2\ H_2O\ (l)$.

A3 Ist die Natronlauge zu hoch konzentriert, wird sie beim Backen nicht vollständig zu Natriumcarbonat und Wasser neutralisiert. Infolgedessen verbleibt ätzende Natronlauge auf der Brezeloberfläche und die Brezel ist nicht zum Verzehr geeignet.

A4 Beispiele für Säuren, die als Lebensmittelzusatzstoffe zugelassen sind, sind:
Essigsäure; E260; Verwendung als Konservierungs- und Säuerungsmittel z. B. in Gemüse- und Fischkonserven, Weißbrot und Mozzarella
Milchsäure; E270; Verwendung als Konservierungs- und Säuerungsmittel in nahezu allen Lebensmitteln, v. a. in Süßwaren, Fruchtnektaren; auch für Säuglingsnahrung und Bioprodukte zugelassen
Citronensäure; E330; Verwendung als Antioxidations- und Säuerungsmittel in Süßwaren, Fruchtsäften, Marmeladen, Gelees, Desserts, Käse- und Fleischwaren; auch für Säuglingsnahrung und Bioprodukte zugelassen

Beispiele für Laugen, die als Lebensmittelzusatzstoffe zugelassen sind, sind:
Natriumcarbonate; E500; Verwendung als Säureregulator und Trennmittel (Rieselhilfe) z. B. in Schokolade- und Kakaoprodukten, Backpulver und Sauerrahmbutter
Magnesiumcarbonate, E504; Verwendung als Säureregulator und Trennmittel (Rieselhilfe) z. B. in Schokoladeprodukten, geriebenem Käse, Tafelwasser und Speisesalz
Kaliumhydroxid; E525; Verwendung als Säureregulator z. B. in Kakaomasse, Konfitüren, Instanttee, Kosmetika und Arzneimitteln

A5 Natron
chemischer Name: Natriumhydrogencarbonat
Formel: $NaHCO_3$
Eigenschaften: weißes Salz, in Wasser schwach alkalische Reaktion, mit Säuren erfolgt Zersetzung unter Bildung von Kohlenstoffdioxid
Verwendung: z. B. in Backpulver, Brausepulver, Zahnpflegemitteln, Mitteln gegen Sodbrennen, als Puffersubstanz, in der Umwelttechnik

VERSUCHE UND MATERIAL

M AUSWERTUNG

Schulbuchseite 61

M1

a) JÖNS JAKOB BERZELIUS glaubte, dass eine geheimnisvolle Lebenskraft, die „vis vitalis“, für die Bildung der „organischen“ Stoffe verantwortlich sei. Für ihn waren alle Stoffe „organisch“, die von Pflanzen und Tieren hergestellt werden wie Blut, Urin und Holz.

b) FRIEDRICH WÖHLER an JÖNS JAKOB BERZELIUS: „Mir ist es gelungen, Harnstoff zu synthetisieren, ohne menschliche oder tierische Produkte zu verwenden. Vielleicht erinnern Sie sich an meine Versuche in der Zeit, als ich noch bei Ihnen arbeitete. Bei diesen erhielt ich als Produkt der Reaktion von Cyansäure mit Ammoniak stets einen kristallinen Stoff, bei dem es sich um Ammoniumcyanat handelt. Beim Eindampfen von Ammoniumcyanat erhält man Harnstoff. Auf diese Weise ist der organische Stoff Harnstoff rein aus anorganischen Stoffen, also ohne die „vis vitalis“, zu synthetisieren.“
FRIEDRICH WÖHLER stellte das Zwischenprodukt Ammoniumcyanat aus Silbercyanat und Ammoniumchlorid her.

c) Organische Stoffe, die täglich mit der Nahrung aufgenommen werden, sind Kohlenhydrate, z. B. über Brot, Nudeln, Müsli und Süßwaren, Fette, z. B. über Butter, Öle, Käse und Wurst, und Eiweiße, z. B. über Milch, Joghurt, Käse, Nüsse und Fleisch.

d)
1. Der geschilderte Prozess ist die Fotosynthese.
2. Wortgleichung der Fotosynthese:
   Kohlenstoffdioxid (g) + Wasser (l) ⟶ Glucose (s) + Sauerstoff (g)
3. Reaktionsgleichung der Fotosynthese:
   $6\ CO_2\ (g) + 6\ H_2O\ (l) \longrightarrow C_6H_{12}O_6\ (s) + 6\ O_2\ (g)$
4. Bei der Fotosynthese entstehen aus energiearmen Edukten ein energiereiches organisches Produkt (Glucose) und ein energiearmes anorganisches Produkt (Sauerstoff). Es handelt somit um eine endotherme Reaktion, die notwendige Energie stammt aus dem Sonnenlicht.

VERSUCHE UND MATERIAL

V AUSWERTUNG

Schulbuchseite 61

V1

a) Das *p*H-Papier färbt sich olivgrün bis blau und zeigt damit eine alkalische Reaktion an.

b) Aufgrund des charakteristischen Geruchs und der Verfärbung des *p*H-Papiers kann man schließen, dass beim Erhitzen von Harnstoff Ammoniak entstanden ist. Ammoniak reagiert mit dem Wasser auf dem angefeuchteten Indikatorpapier unter anderem zu Hydroxid-Ionen, die die alkalische Reaktion und die Farbänderung bewirken.

c) Anhand der Molekülformel für Harnstoff CH_4N_2O lässt sich vermuten, dass als weiteres Reaktionsprodukt Kohlenstoffdioxid entsteht.

V AUSWERTUNG

Schulbuchseite 61

V2
V3
LV4

a) Bei **V2** wird Zucker flüssig, allmählich braun und dann schwarz. Dabei entsteht zunächst ein aromatischer, dann ein beißender Geruch. Puddingpulver wird bei kräftigem Erhitzen allmählich schwarz. Die PE-Folie in **V3** erweicht, im weiteren Reaktionsverlauf entsteht ebenfalls ein schwarzer, poröser Feststoff. Emser Pastillen **(LV4)** dehnen sich aus, dann bildet sich ein schwarzes, poröses Material.

b) Bei allen Versuchen ist zu beobachten, dass ein schwarzer Feststoff entsteht. Daraus kann geschlossen werden, dass alle Edukte das Element Kohlenstoff in gebundener Form enthalten.

c) Bei der entstehenden, farblosen Flüssigkeit könnte es sich um Wasser handeln. Der Nachweis erfolgt entweder mit weißem, wasserfreien Kupfersulfat (mit Wasser erfolgt Blaufärbung) oder mit Watesmo-Papier (mit Wasser erfolgt Blaufärbung).

ERARBEITUNG

A AUFGABEN

Schulbuchseite 63

A1 Organische Stoffe sind Glucose, Harnstoff und Methan. Anorganische Stoffe sind Kohlenstoffdioxid, Kohlensäure und Kohlenstoffmonooxid.

A2 Stärke-Moleküle bestehen aus Kohlenstoff-Atomen, Wasserstoff-Atomen und Sauerstoff-Atomen.
Insulin-Moleküle bestehen aus Kohlenstoff-Atomen, Wasserstoff-Atomen, Sauerstoff-Atomen, Stickstoff-Atomen und Schwefel-Atomen.

A3 Kohlenwasserstoffe sind z. B. Methan und Ethan.
Kohlenhydrate sind z. B. Glucose, Fructose und Maltose.
Fette sind z. B. Öle und in Butter.
Eiweiße sind z. B. in Hühnerei und Fleisch enthalten.

VERSUCHE UND MATERIAL

V AUSWERTUNG

Schulbuchseite 64

V1

V2

a) **V1** zeigt, dass Feuerzeuggas eine geringere Dichte als Luft hat und leicht brennbar ist.

b) Ein mögliches Verbrennungsprodukt von Feuerzeuggas **(V1)** ist Kohlenstoffdioxid. Ein leichter Beschlag am Reagenzglas deutet auch auf Wasserdampf, also Wasser, als zweites Verbrennungsprodukt hin.

c) Das Watesmo-Papier in **V2** färbt sich blau. Mit dieser Blaufärbung wird Wasser als Verbrennungsprodukt von Feuerzeuggas nachgewiesen. Mit Kalkwasser kann Kohlenstoffdioxid nachgewiesen werden. Die milchige Trübung des Kalkwassers in **V2** weist als zweites Verbrennungsprodukt Kohlenstoffdioxid durch ausfallendes Calciumcarbonat nach.
Aufgrund der Versuche und Nachweise kann man formulieren, dass Kohlenstoffdioxid und Wasser Reaktionsprodukte der Verbrennung von Feuerzeuggas sind.

V AUSWERTUNG

Schulbuchseite 65

V3

a) Beim Gasanzünder wird durch Betätigen des Reibrades ein Funken erzeugt. Dieser entzündet das Gas.

b) Ein Feuerzeug enthält Feuerzeuggas, das unter so hohem Druck steht (komprimiert ist), dass es verflüssigt vorliegt. Durch Betätigen des kleinen Reibrads oben am Feuerzeug wird analog zu **V3** ein Funken erzeugt und Feuerzeuggas kann (gasförmig) entweichen. Der Funken entzündet dann das vorbeiströmende Feuerzeuggas.

M AUSWERTUNG

Schulbuchseite 65

M1

a) Die Begriffe können den Ziffern in **B2** wie folgt zugeordnet werden: 1: Trägergas, 2: Injektor: 3: Trennsäule, 4: Detektor, 5: Chromatogramm.

b) *Bei einem Gaschromatogramm ist auf der x-Achse die Zeit und auf der y-Achse die Intensität des Signals aufgetragen. Man kann quantitative und qualitative Aussagen über die Zusammensetzung der Probe aus der Reihenfolge und Größe der Peaks ableiten. Das Chromatogramm in* ***B3*** *zeigt zwei Peaks. Daraus lässt sich ableiten, dass im Gemisch zwei reine Stoffe enthalten sind.*

ERARBEITUNG

A AUFGABEN Schulbuchseite 67

A1 Das Gaschromatogramm von Feuerzeuggas in **B2** zeigt drei Peaks. Feuerzeuggas lässt sich danach in drei verschiedene Stoffe (Komponenten) aufspalten. Daraus lässt sich ableiten, dass Feuerzeuggas ein Gasgemisch aus drei Reinstoffen ist.

A2 Der Zündfunken liefert die nötige Aktivierungsenergie für die Verbrennung des Gases. Das Feuerzeuggas reagiert dabei mit Sauerstoff zu Kohlenstoffdioxid und Wasser.

A3 Ein Gas bzw. ein Gasgemisch für ein Feuerzeug darf erst unter hohem Druck flüssig sein, da es beim Betätigen des Zündrads und somit nachlassendem Druck sofort wieder gasförmig werden muss, damit es ausströmen kann. Pentan ist jedoch bei Raumtemperatur flüssig und würde daher nicht austreten.

A4 Bei den Stoffen mit den Summenformeln C_2H_4 und C_6H_{14} handelt es sich um Kohlenwasserstoffe.

A5 M(Methan) = 16 g/mol; M(Ethan) = 30 g/mol; M(Propan) = 44 g/mol; M(Butan) = 58 g/mol; M(Pentan) = 72 g/mol

A AUFGABEN Schulbuchseite 68

A1 Biogas besteht zu ca. 60 % aus Methan. Dieses hat einen sehr hohen Heizwert von 50 MJ/kg (vgl. **B5**, Seite 68 im Schülerbuch) und ist damit im Vergleich zu anderen Brennstoffen ein guter Energieträger.

A2 Die Reaktionsgleichung für die Verbrennung von Methan ist:
$CH_4\,(g) + 2\,O_2\,(g) \longrightarrow CO_2\,(g) + 2\,H_2O\,(g)$.
Danach gilt für die Verbrennung von Methan $n(CH_4) : n(CO_2) = 1:1$ bzw. $n(CH_4) = n(CO_2)$.
Methan mit $m(CH_4)$ = 1 kg entspricht mit M(Methan)=16 g/mol einer Stoffmenge von $n(CH_4)$ = 62,5 mol. Bei der Verbrennung von 1 kg Methan entsteht mit $n(CH_4) = n(CO_2)$ auch Kohlenstoffdioxid der Stoffmenge $n(CO_2)$ = 62,5 mol. Kohlenstoffdioxid hat eine molare Masse von $M(CO_2)$ = 44 g/mol. Damit entstehen bei der Verbrennung von 1 kg Methan 2,75 kg Kohlenstoffdioxid, was einem Volumen von ca. 1,389 m^3 Kohlenstoffdioxid entspricht (Dichte von Kohlenstoffdioxid bei 0 °C: 1,98 kg/m^3).

A3 Offene Antwort. Stichworte/Wetterphänomene, die in den Kurzreferaten genannt und bearbeitet werden sollten, sind u. a. Treibhausgase, Temperaturanstieg, Schmelzen von Gletschern und des Eises in den Polarregionen, Anstieg des Meeresspiegels, Zunahme von Wetterextremen, Zunahme von Hurrikanen, El Nino und Verstärkung der Trockenheit in Wüstengebieten.

EXKURS > Die fossilen Energieträger und der Treibhauseffekt

A AUFGABEN

Schulbuchseite 69

A1 Bei der Verbrennung fossiler Brennstoffe wird Kohlenstoffdioxid freigesetzt, das vor über Jahrmillionen dem natürlichen Kohlenstoffkreislauf entzogen wurde. Es wird also auf einmal freigesetzt und verstärkt somit den Temperaturanstieg in der Atmosphäre. Bei der Verbrennung nachwachsender Brennstoffe wird im Idealfall die Menge an Kohlenstoffdioxid freigesetzt, die von den Pflanzen kurz vorher aus der Atmosphäre aufgenommen wurde. Durch den Anbau neuer nachwachsender Brennstoffe kann die Menge an freigesetztem Kohlenstoffdioxid also „klimaneutral" gebunden werden.

A2 Persönlich können wir zur Minderung des Treibhauseffekts beitragen, indem wir uns so verhalten, dass wir möglichst sparsam mit der Verbrennung fossiler Brennstoffe umgehen. Zum Beispiel können wir häufiger das Fahrrad oder Busse und Bahnen benutzen statt mit dem Auto zu fahren, beim Heizen sollten wir auf gute Isolierung achten und die Fenster zuvor schließen. Ebenso kann der Verzicht auf übermäßigen Fleischkonsum zu einem geringeren Kohlenstoffdioxidausstoß führen. Gesellschaftlich ist ebenfalls eine bessere Isolierung von Wohn- und Bürogebäuden voranzutreiben sowie die Verbreitung von elektrischen Geräten (wie effizienteren Kühlschränken) mit geringerem Stromverbrauch zu fördern. Zudem sollten die Alternativen zu Automobilen, die auf Basis fossiler Kraftstoffe (Diesel, Benzin) fahren, rascher und konsequenter durchgesetzt werden.

A2 Durch den Treibhauseffekt steigt die Temperatur nahe der Erdoberfläche. Wärmestrahlung kann nicht mehr aus der Atmosphäre abgegeben werden, sondern wird in der Erdatmosphäre gehalten. Dieser Temperaturanstieg führt u.a. zum Abschmelzen von Eis- und Schneemassen. Der Schneemann „muss" danach gegen den Treibhauseffekt protestieren, da er sonst schmilzt – also „stirbt". Der Schneemann kann im übertragenen Sinn aber auch für uns Menschen stehen, da auch unsere Lebensgrundlagen und damit wir selbst durch den Treibhauseffekt gefährdet sind, wir uns sozusagen selbst zerstören.

EXKURS > Methanhydrat – das „brennende Eis"

A AUFGABEN Schulbuchseite 70

A1 Molare Masse von Methanhydrat $M(CH_4 \cdot 5{,}75\ H_2O)$:
$M(CH_4 \cdot 5{,}75\ H_2O) = M(CH_4) + 5{,}75 \cdot M(H_2O)$
mit $M(CH_4) = 16\ g/mol$ und $M(H_2O) = 18\ g/mol$ ist
$M(CH_4 \cdot 5{,}75\ H_2O) = 16\ g/mol + 5{,}75\ 18\ g/mol = 119{,}5\ g/mol$.
Danach sind in 119,5 g Methanhydrat 16 g Methan enthalten:
119,5 g Methanhydrat = 16 g Methan
Gefragt wird nach der Masse an Methan in 10 000 Gt bzw. 12 000 Gt Methanhydrat:
10 000 Gt Methanhydrat = x g Methan bzw.
12 000 Gt Methanhydrat = x g Methan

$$m(CH_4) = \frac{10\,000\ \text{Gt Methanhydrat} \cdot 16\ \text{g Methan}}{119{,}5\ \text{g Methanhydrat}} = 1338{,}912\ \text{Gt}$$

$$m(CH_4) = \frac{12\,000\ \text{Gt Methanhydrat} \cdot 16\ \text{g Methan}}{119{,}5\ \text{g Methanhydrat}} = 1606{,}694\ \text{Gt}$$

Das Methanaufkommen in Methanhydrat liegt weltweit zwischen 1338,912 Gt und 1606,694 Gt.

A2 Offene Antwort. Mögliche Recherche- und Bewertungsergebnisse:
Ob und wie sich Methanhydrate künftig fördern lassen, wird seit gut 10 Jahren in internationalen Projekten untersucht. Die Wissenschaftler wollen zunächst herausfinden, ob sich das Methan überhaupt in großen Mengen aus den Hydraten lösen lässt, und welche Methode dafür am besten geeignet ist.
Die Hydrate sind fest und müssten zunächst zersetzt werden, bevor man das Methangas überhaupt absaugen kann. Für die zukünftige Gewinnung von Methan lassen sich die folgenden drei Verfahren unterscheiden:

- Spülung mit Wasser: Über eine Bohrung wird heißes Wasser in die Methanhydratlagerstätte eingepumpt und die Temperatur damit so stark erhöht, dass sich das Hydrat zersetzt und das Methan frei wird.
- Druckentlastung: In den Methanhydratlagern herrschen hohe Drücke, weil auf ihnen Wasser und Sedimente lasten. Bohrt man die Lagerstätten von oben an, verringert sich der Druck wie in einem Fahrradschlauch bei einem Loch. Durch diese Druckentlastung zerfällt das Hydrat langsam. Das Methan wird frei.
- Injektion von Kohlenstoffdioxid: Methan lässt sich aus Hydraten lösen, wenn man diese mit Kohlenstoffdioxid begast. Das Kohlenstoffdioxid verdrängt das Methan aus dem Eisgerüst, dabei dringen die Kohlenstoffdioxid-Moleküle in den Molekülkäfig eindringen. Dabei gehen die Kohlenstoffdioxid-Moleküle eine festere Bindung mit den Wasser-Molekülen ein als die Methan-Moleküle. Das Kohlenstoffdioxidhydrat ist also wesentlich stabiler als das Methanhydrat. Nach den Plänen der Forscher soll für die Injektion in Zukunft Kohlenstoffdioxid genutzt werden, das man in Gas- und Kohlekraftwerken aus dem Abgas abtrennt. So gelangt das Kohlenstoffdioxid nicht in die Atmosphäre, sondern wird in flüssiger Form per Schiff oder Pipeline zur Lagerstätte transportiert und dann in den Hydraten gespeichert.

A2

Beurteilung und Bewertung:

- Die Spülung mit Wasser verbraucht große Mengen an Energie, was sie eher unwirtschaftlich macht.
- Bei der Druckentlastung schwächt sich der Hydratzerfall mit der Zeit von selbst ab. Das hat mehrere Gründe: Erstens erhöht das Methangas, das sich beim Zerfall der Hydrate bildet, den Druck in der Lagerstätte, was den weiteren Zerfall der Hydrate erschwert. Zweitens werden durch den Zerfall der Hydrate Wasser-Moleküle frei. Durch das Wasser süßt die Lagerstätte aus, was wiederum den Hydratabbau chemisch behindert. Drittens ist Energie nötig, um die Eisgerüste aufzulösen bzw. die Wasserstoffbrückenbindungen zwischen den Molekülen zu zerstören. Chemiker sprechen von einer endothermen, energiezehrenden Reaktion. Da diese Energie in Form von Wärme aus der Umgebung aufgenommen wird, kühlt sich die Umgebung ab. Auch das wirkt dem Zerfall der Hydrate entgegen.
- Das Injektionsverfahren wiederum läuft noch zu langsam ab. Verschiedene Forschergruppen versuchen daher, den Austausch von Kohlenstoffdioxid und Methan zu beschleunigen. Gegenüber der Druckentlastung hat das Injektionsverfahren den Vorteil, dass beim Austausch von Kohlenstoffdioxid und Methan etwas Wärme frei wird, die den Zersetzungsprozess aufrecht erhält. Dieses Verfahren wird zurzeit von deutschen Forschern weiterentwickelt. Vorteilhaft bei diesem Verfahren wäre, dass klimaschädliches Kohlenstoffdioxid in den Hydraten gespeichert und somit der Atmosphäre entzogen werden könnte.

Fazit:

Die Förderung ist derzeit noch problematisch und sehr teuer. Es sind weitere Forschungsstudien erforderlich, um diese Energiereserve zu nutzen. Außerdem ist nicht bekannt, wie und ob sich die Förderung von Methanhydrat auf die Ökosysteme auswirken könnte.

EXKURS > Vom Erdöl zum Benzin

A AUFGABEN

Schulbuchseite 71

A1 Offene Antwort. Auf einem Lernplakat sollten zunächst die gängigen, an einer Tankstelle erhältlichen Kraftstoffe Benzin Super 95, Benzin Super 95 E10, Benzin Super Plus 98 und Diesel genannt sein. Des Weiteren sollte auf den Unterschied zwischen Benzin und Diesel bzgl. der Gewinnung aus den verschiedenen Erdölfraktionen sowie auf die Unterschiede zwischen den einzelnen Benzinarten eingegangen werden. Neben den Gemeinsamkeiten in der Zusammensetzung (n-Heptan, Isooctan bei den Benzinen) sollten die Unterschiede (Oktanzahl, Anteil an Bioethanol) aufgezeigt werden. Generelle Informationen wie z. B. hinsichtlich der Oktanzahl sind wünschenswert.

Mögliche Informationen: Benzine sind Gemische aus leichtsiedenden Kohlenwasserstoffen, hauptsächlich aus Isooctan und Heptan. Das Verhältnis von Isooctan zu Heptan bedingt die Unterscheidung in verschiedene Benzine. Angegeben wird dies durch die Oktanzahl. Die Oktanzahl ist ein Maß für die Klopffestigkeit eines Kraftstoffes für Ottomotoren (Benzinmotoren). Der Zahlenwert der Oktanzahl bis 100 gibt an, wie viel %-Volumenanteil Isooctan C_8H_{18} sich in einer Mischung mit n-Heptan C_7H_{16} befinden muss. Zum Beispiel bedeutet eine Oktanzahl 95 eines Benzins, dass dessen Klopffestigkeit einem Gemisch aus 95 Vol.% Isooctan und 5 Vol.% n-Heptan entspricht.

Der Zahlenwert eines Kraftstoffes an der Tanksäule entspricht der Oktanzahl des Kraftstoffs, je höher die Oktanzahl ist, desto höher ist die Klopffestigkeit des Kraftstoffes.

	Herkunft /Merkmale	Unterschiede
Benzin Super 95	• stammen aus der Benzinfraktion des Erdöls: Siedebereich 40 °C – 100 °C bzw. 200 °C. • sind unverbleit, schwefelfrei. • sind Gemische leichtsiedender Kohlenwasserstoffe, die im Wesentlichen aus linearen, isomeren, ringförmigen, gesättigten und ungesättigten Verbindungen mit 5 bis 10 Kohlenstoff-Atomen pro Molekül bestehen. • sind farblose, brennbare Flüssigkeiten, deren Dichte bei 15 °C je nach Zusammensetzung zwischen 0,72 und 0,80 g cm^{-3} schwankt.	• 95 Vol.% Isooctan und 5 Vol.% n-Heptan. • enthält maximal 5 Vol.% Bioethanol.
Benzin Super 95 E10		• 95 vol.% Isooctan und 5 vol.% n-Heptan. • enthält maximal 10 Vol. % Bioethanol.
Benzin Super Plus 98		• 98 Vol.% Isooctan und 2 Vol.% n-Heptan.
Diesel	• stammen aus dem Mitteldestillat des Erdöls: Siedebereich zwischen 150 °C und 390 °C. • sind schwefelfrei. • ist ein Gemisch aus Alkanen mit kettenförmigen sowie ungesättigten Kohlenwasserstoffen mit ringförmigen Molekülen und etwa 10 bis 22 Kohlenstoff-Atomen pro Molekül.	• enthält maximal 7 % Biodiesel. • enthält Additive (verschiedene organische Stoffe), um die Zündwilligkeit zu erhöhen.
LKW-Diesel		• enthält einen Farbstoff zu Unterscheidung von Diesel für PKW. • enthält Additive (verschiedene organische Stoffe), um die Zugkraft zu erhöhen.

A2 Reaktionsgleichung für die Verbrennung von Heptan C_7H_{16}:

C_7H_{16} (l) + 11 O_2 (g) $\longrightarrow$ 7 CO_2 (g) + 8 H_2O (l)

VERSUCHE UND MATERIAL

M AUSWERTUNG

Schulbuchseite 72

M1

a)

Modell	Vorteile	Anwendungsmöglichkeiten
a) Summenformel	gibt Art und Anzahl der Atome, die in den Molekülen einer chemischen Verbindungen gebunden sind, schnell und übersichtlich wieder	sehr brauchbar zum Formulieren chemischer Reaktionsgleichungen und chemischen Rechnen
b) LEWIS-Strukturformel	veranschaulicht die Bindungsverhältnisse durch bindende und nichtbindende Elektronenpaare in den Molekülen einer Verbindung	gut geeignet für die Darstellung von Bindungsverhältnissen in einem Molekül bzw. der Struktur (zweidimensional)
c) räumliche Strukturformel	die Konfiguration (räumliche Anordnung, Bindungswinkel) der Atome in einem Molekül ist sofort erkennbar	verdeutlicht die räumliche Anordnung (dreidimensional) von Atomen in einem Molekül
d) Kugelstabmodell	ermöglicht einen guten räumlichen Eindruck vom Molekül durch den Betrachter	veranschaulicht auch Rotationsmöglichkeiten in einem Molekül
e) Kalottenmodell	geeignet zur Darstellung der Gesamtgestalt eines Moleküls	bietet eine dreidimensionale Veranschaulichung der Molekülstruktur

b) Die vier Bindungen zwischen den Atomen in einem Molekül kommen durch gemeinsame Elektronenpaare zustande (Elektronenpaarbindungen). Nach dem EPA-Modell stoßen sich die Elektronenpaare in einem Molekül gegenseitig ab (alle negativ geladen) und ordnen sich im größtmöglichen Abstand zueinander an.
Ein Methan-Molekül besteht aus einem Kohlenstoff- und vier Wasserstoff-Atomen. Aus der gegenseitigen Abstoßung der vier Elektronenpaarbindungen im Methan-Molekül resultiert die Tetraederstruktur für das Methan-Molekül.

VERSUCHE UND MATERIAL

M M2 M3 M4 M5

AUSWERTUNG

Schulbuchseite 73

a) Die Summenformel des Moleküls mit einem Kohlenstoff- und vier Wasserstoff-Atomen ist CH_4, der Name der Verbindung lautet Methan.

b) Die Summenformel für alle drei möglichen Moleküle aus fünf Kohlenstoff- und zwölf Wasserstoff-Atomen ist C_5H_{12}.

c) Die LEWIS-Strukturformeln der Moleküle der drei Verbindungen mit der Summenformel C_5H_{12} sind:

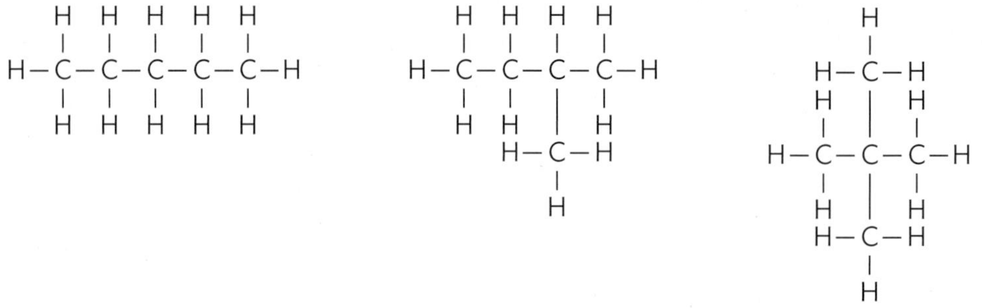

d) Das Kugelstabmodell aus **M4** steht für ein Molekül aus zwei Kohlenstoff-Atomen und vier Wasserstoff-Atomen, das Kugelstabmodell für ein Ethan-Molekül enthält dagegen zwei Kohlenstoff-Atome und sechs Wasserstoff-Atome. Daher muss das Kugelstabmodell für das Molekül aus **M4** eine Doppelbindung zwischen den beiden Kohlenstoff-Atomen aufweisen.

e) Das Kugelstabmodell aus **M5** enthält drei Kohlenstoff-Atome und vier-Wasserstoff-Atome. In einem möglichen Kugelstabmodell befinden sich zwischen je zwei Kohlenstoff-Atomen eine Doppelbindung und entsprechend je zwei Einfachbindungen zu je einem Wasserstoff-Atom. In einem anderen möglichen Kugelstabmodell liegt eine Dreifachbindung zwischen zwei der drei Kohlenstoff-Atome vor, damit hat das mittlere Kohlenstoff-Atom keine Einfachbindung mehr zu einem Wasserstoff-Atom, während ein Kohlenstoff-Atom noch eine Einfachbindung zu einem Wasserstoff-Atom, das andere drei Einfachbindungen zu je einem Wasserstoff-Atomen aufweisen.
Die Kugelstabmodelle aus **M2** bis **M5** unterscheiden sich somit in der Anzahl der Kohlenstoff- und der Wasserstoff-Atome sowie in der Anzahl an Einfach-, Doppel- und Dreifachbindungen zwischen den einzelnen Atomen.

ERARBEITUNG

A AUFGABEN Schulbuchseite 75

A1 Die Summenformel für das Molekül in **B4** ist C_8H_{18}.

A2 **a)** mögliche LEWIS-Strukturformeln für Kohlenwasserstoffe mit der Summenformel C_4H_{10}:

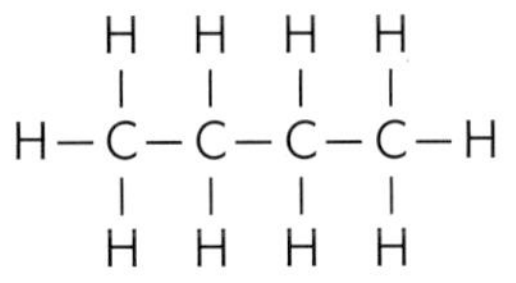

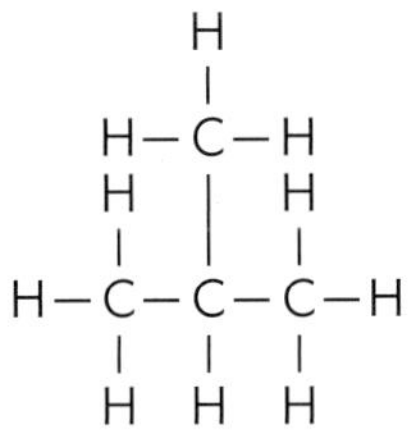

b) mögliche LEWIS-Strukturformeln für Kohlenwasserstoffe mit der Summenformel C_6H_{14}:

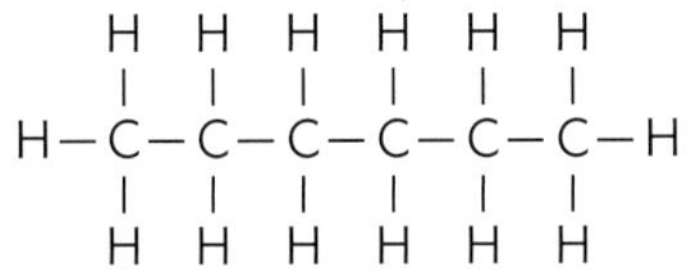

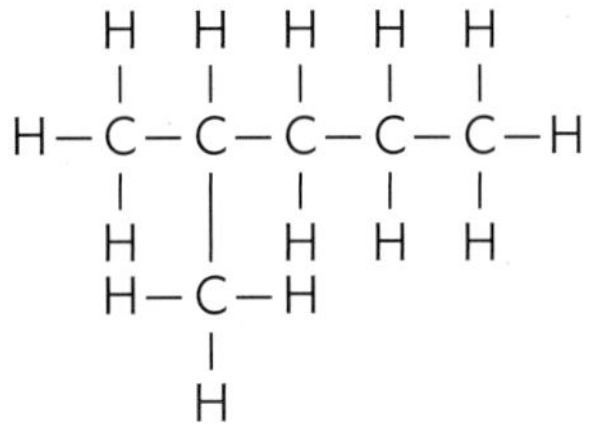

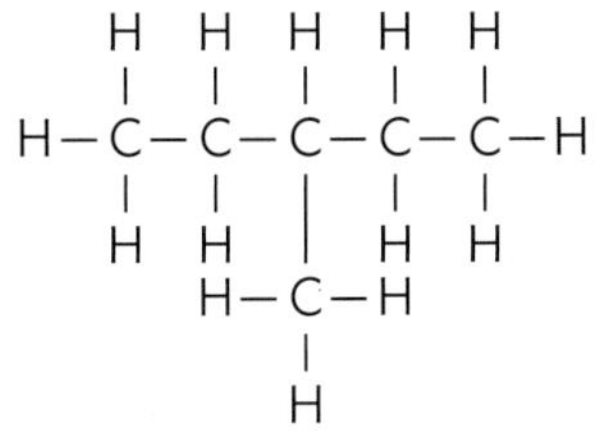

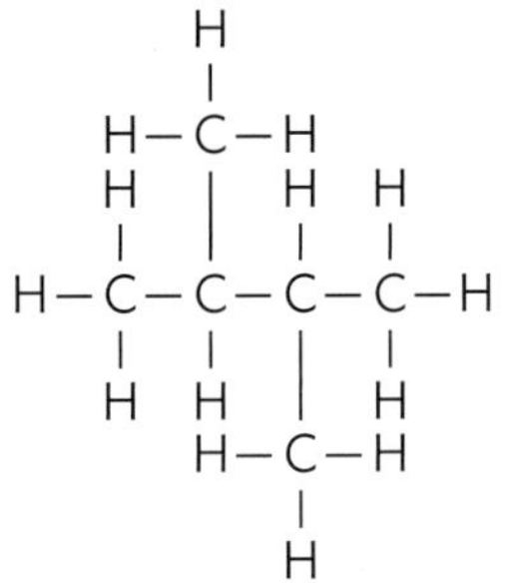

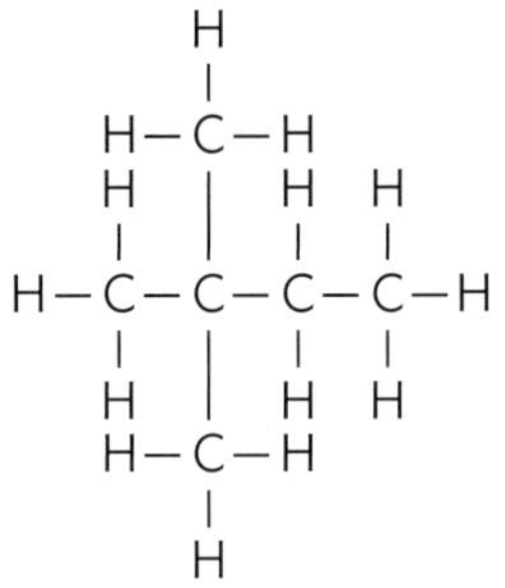

c) mögliche LEWIS-Strukturformel für den Kohlenwasserstoff mit der Summenformel C_2H_2:

H−C≡C−H

A3 In den Molekülen aller Isomere der Summenformel C_5H_{12} müssen zum einen die in der Summenformel angegebene Anzahl an Kohlenstoff-Atomen und die an Wasserstoff-Atomen gegeben sein. Zudem müssen die Moleküle aller drei Isomere aber auch die Bedingung erfüllen, dass sowohl alle Kohlenstoff-Atome als auch Wasserstoff-Atome vierbindig sind.

ERARBEITUNG

A AUFGABEN

Schulbuchseite 77

A1

Alkan	Schmelztemperatur in °C	Siedetemperatur in °C
Methan	-182,5	-161,75
Ethan	-183,15	-88,15
Propan	-188,15	-58,15
Butan	-138,15	-0,65
Pentan	-129,15	35,85
Hexan	-95,15	68,85
Heptan	-91,15	97,85
Octan	-57,15	125,85
Nonan	-51,15	150,85
Decan	-30,15	173,85

Liniendiagramm zur Darstellung der Schmelz- und Siedetemperaturen der ersten zehn Alkane:

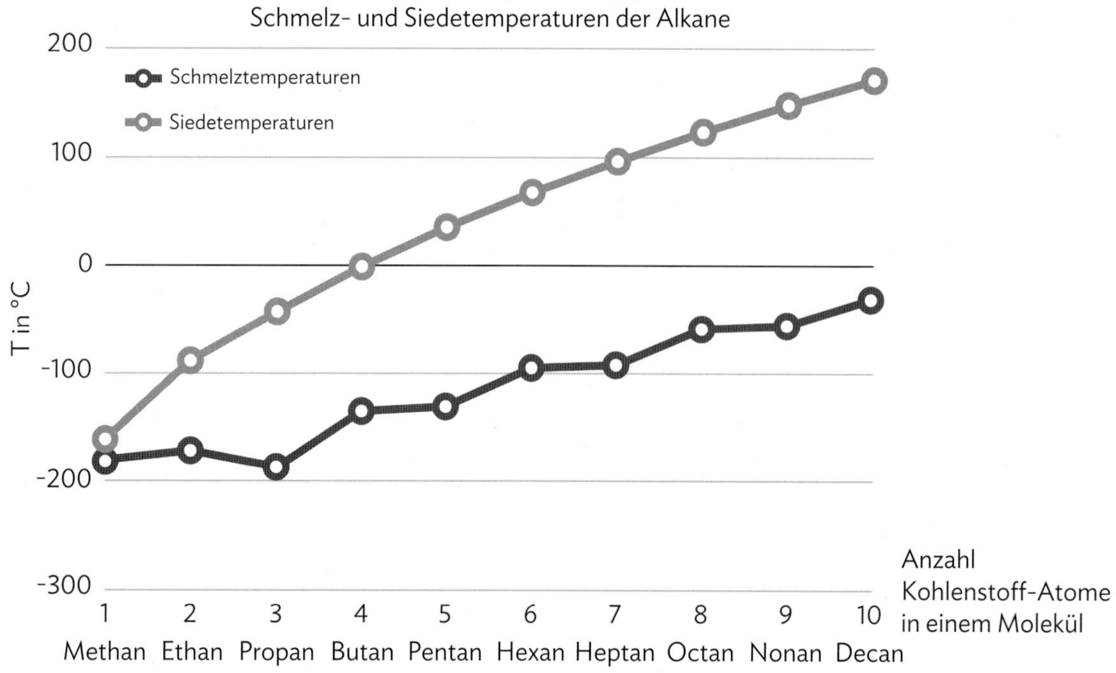

A2

Die allgemeine Summenformel der homologen Reihe der Alkene ist C_nH_{2n}.
Die allgemeine Summenformel der homologen Reihe der Alkine ist C_nH_{2n-2}.

FACHMETHODE: Kohlenwasserstoffe nach den IUPAC-Regeln benennen

A AUFGABEN

Schulbuchseite 79

A1

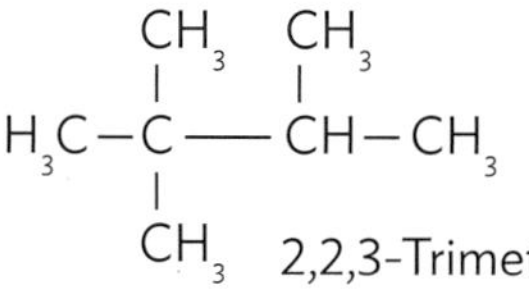

2,2,3-Trimethylbutan

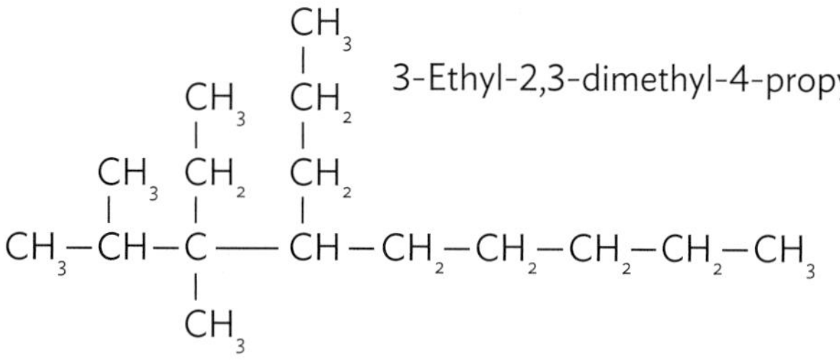

3-Ethyl-2,3-dimethyl-4-propylnonan

A2 Die Halbstrukturformel von 2-Ethyl-2-methylbutan ist wie folgt zu zeichnen:

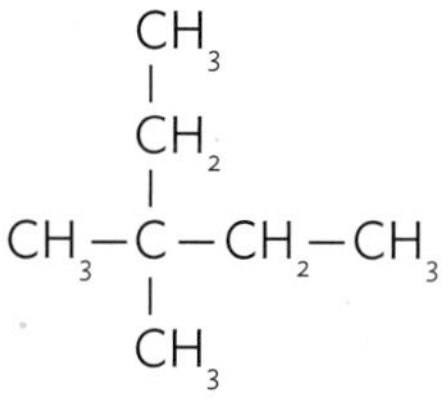

Die Name 2-Ethyl-2methylbutan der Verbindung mit dieser Halbstrukturformel ist nach den IUPAC-Regeln nicht richtig, er muss richtig 3,3-Dimethylpentan lauten.

A3 3,3-Dimethylpentan ist ein Isomer des unverzweigten Alkans n-Heptan, denn beide Isomere haben dieselbe Summenformel C_7H_{16}.

FACHMETHODE: Kohlenwasserstoffe nach den IUPAC-Regeln benennen

A4 **a)** Halbstrukturformel von 2,3-Dimethylpentan:

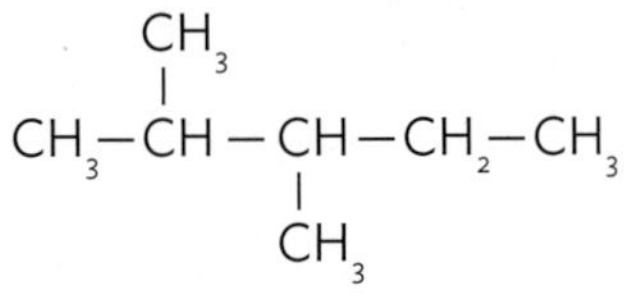

b) Halbstrukturformel von 3,3-Dimethylpentan:

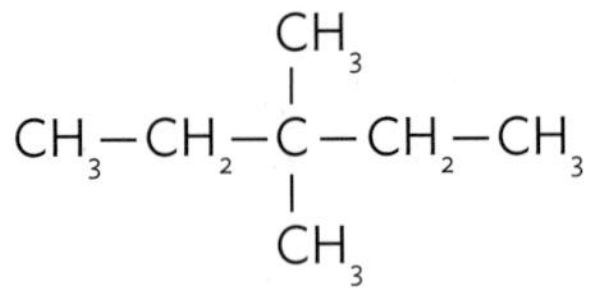

c) Halbstrukturformel von 5-Butyl-2,5-dimethyl-4-propyldecan:

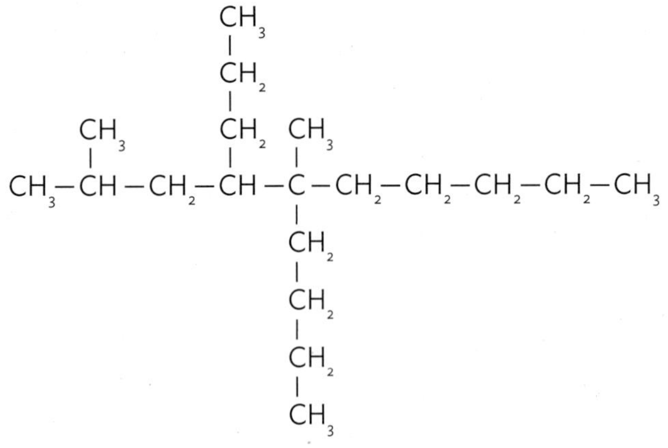

A5 Der Name der Verbindung in B3 lautet 2-Methylpropan.
Die Summenformel ist C_4H_{10}.

Die Strukturformel von 2-Methylpropan ist:

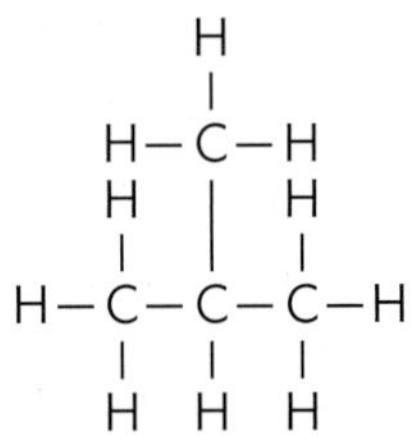

Die Halbstrukturformel von 2-Methylpropan ist:

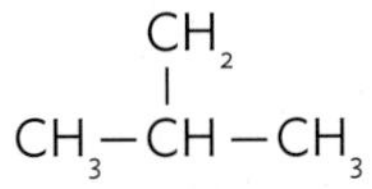

VERSUCHE UND MATERIAL

V AUSWERTUNG

Schulbuchseite 80

V1

V2

a) Heptan und Decan lassen sich mit einem Holzspan entzünden. Sie verbrennen mit gelber Flamme. Decan rußt leicht. Paraffin lässt sich schwerer entzünden (eventuell erst nach Erwärmen) und verbrennt mit deutlich rußender Flamme.

b) Bei der Verbrennung von Heptan in **V2** können Wasser (**V2a**), Blaufärbung des Watesmo-Papiers) und Kohlenstoffdioxid (**V2b**), Trübung des Kalkwassers) als Verbrennungsprodukte nachgewiesen werden. Heptan muss danach ein Kohlenwasserstoff sein, da Kohlenwasserstoffe bei der Verbrennung zu Wasser und Kohlenstoffdioxid reagieren. In Heptan-Molekülen müssen daher Kohlenstoff-Atome und Wasserstoff-Atome gebunden sein. Decan und Paraffin verbrennen in **V1** mit rußender Flamme. Dies lässt darauf schließen, dass in den Molekülen dieser Kohlenwasserstoffe eine höhere Anzahl an Kohlenstoff-Atomen gebunden sein muss als in Heptan-Molekülen. Sie verbrennen nur unvollständig, sodass auch Kohlenstoff entsteht.

c) Der klare Beschlag am Standzylinder in **V2a** färbt Watesmo-Papier blau. Es handelt sich bei der Flüssigkeit um Wasser. Die milchige Trübung des Kalkwassers im Zylinder in **V2b** weist als Verbrennungsprodukt Kohlenstoffdioxid nach.

d) Reaktionsgleichung für die Verbrennung von Heptan:
$C_7H_{16}\ (l) + 11\ O_2\ (g) \longrightarrow 7\ CO_2\ (g) + 8\ H_2O\ (g)$

VERSUCHE UND MATERIAL

V AUSWERTUNG

Schulbuchseite 81

V3

V4

a) Pentan, Heptan und Paraffin leiten den elektrischen Strom nicht, während die Kochsalzlösung elektrisch leitfähig ist. Damit eine Flüssigkeit den elektrischen Strom leitet, müssen in ihr freibewegliche Ladungsträger (Ionen) vorhanden sein. Kochsalzlösung NaCl (aq) leitet den elektrischen Strom, da in ihr Natrium-Kationen Na^+ (aq) und Chlorid-Anionen Cl^- (aq) vorhanden sind. Da die Kohlenwasserstoffe nicht elektrisch leitfähig sind, können in ihnen keine Ionen enthalten sein. Pentan, Heptan und Paraffin müssen demnach aus Molekülen bestehen, in denen Elektronenpaarbindungen vorliegen.

b)

Stoff	Löslichkeit im Wasser	Löslichkeit in Heptan
Pentan	Es bilden sich zwei Phasen.	Nach Rühren liegt eine Phase vor.
Benzin	Es bilden sich zwei Phasen.	Nach Rühren liegt eine Phase vor.
Paraffin	Es bilden sich zwei Phasen.	Nach Rühren liegt eine Phase vor.
Öl	Es bilden sich zwei Phasen.	Nach Rühren liegt eine Phase vor.

c) Pentan löst sich nicht in Wasser. Pentan löst sich in Heptan.
Benzin löst sich nicht in Wasser. Benzin löst sich in Heptan.
Paraffin löst sich nicht in Wasser. Paraffin löst sich in Heptan.
Öl löst sich nicht in Wasser. Öl löst sich in Heptan.

d) „Ähnliches löst sich in Ähnlichem“ – nach dieser Regel lösen sich nur Stoffe ineinander, die einander „ähnlich“ in ihrer Molekülstruktur sind. Da sich Pentan, Benzin, Paraffin und Öl in Heptan lösen, müssen diese Stoffe ähnliche Molekülstrukturen wie Heptan aufweisen. Da sich diese untersuchten vier Stoffe dagegen nicht in Wasser lösen, müssen ihre Moleküle eine andere Struktur als Wasser-Moleküle haben.

e) Pentan, Benzin, Paraffin und auch Öl sind Kohlenwasserstoffe bzw. Gemische aus Kohlenwasserstoffen, deren Moleküle nur aus Kohlenstoff- und Wasserstoff-Atomen bestehen und daher unpolar und nicht geladen sind. Da das gleiche auf Heptan zutrifft, sind alle diese Stoffe ineinander löslich (beim Mischen verbleibt eine Phase). Wasser-Moleküle sind dagegen polar und Wasser ist ein polares Lösungsmittel. Daher lösen sich die unpolaren Kohlenwasserstoffe nicht in Wasser, beim Mischen bilden sich zwei Phasen aus.

f) Fett-Moleküle enthalten u.a. Moleküle mit langen Kohlenwasserstoff-Resten. Diese sind im Gegensatz zu Wasser-Molekülen unpolar. Daher löst sich Fett nicht in Wasser und Fettflecken lassen sich nicht mit Wasser entfernen. Mit Benzin lassen sich Fettflecken dagegen beseitigen, da die Kohlenwasserstoff-Moleküle des Benzins unpolar wie Fett-Moleküle sind.

M AUSWERTUNG

Schulbuchseite 81

M1

a) Verunreinigungen wie Fettflecken von Mayonnaise, Salatsoße, Lippenstift und Fahrradöl lassen sich mit KWL entfernen. Diese Stoffe bestehen u.a. aus Kohlenwasserstoffen. Da KWL ein Gemisch ebenfalls aus Kohlenwasserstoffen bezeichnet, lösen sich die Stoffe der Verunreinigungen in KWL.

b) Die verwendeten KWL sind Gemische aus leicht entzündlichen Kohlenwasserstoffen, somit sind die verwendeten KWL ebenfalls leicht entzündlich und werden in großen Mengen zur Reinigung benötigt. Aufgrund dieser beiden Tatsachen sind besondere Vorkehrungen vor unfreiwilligen Entzündungen oder Brandquellen notwendig. Ebenso muss der Raum bzw. die Reinigungsanlage für den Fall eines Brandes besonders explosionsgeschützt sein.

ERARBEITUNG

A AUFGABEN

Schulbuchseite 83

A1 Wie die Moleküle aller Kohlenwasserstoffe sind Decan-Moleküle als Ganzes unpolar.
Decan-Moleküle sind aber aus zehn Kohlenstoff-Atomen, Pentan-Moleküle nur aus fünf, sodass die Kohlenstoffwasserstoff-Kette in den Decan-Molekülen doppelt so lang ist wie die in den Pentan-Molekülen. Damit ist die Ausbildung von zeitweisen Dipolen bei Decan-Molekülen deutlich wahrscheinlicher und die Anziehungskräfte (Van-der-Waals-Kräfte) zwischen Decan-Molekülen sind größer als die zwischen Pentan-Molekülen, sie ziehen sich stärker an. Daher ist die Siedetemperatur, die nötig ist, um Moleküle räumlich voneinander zu trennen und in die Gasphase zu bringen, von Decan höher als die von Pentan.

A2 Die Siedetemperatur von Butan, Methylpropan und Propan nimmt in folgender Reihenfolge zu:
Propan < Methylpropan < Butan.
Propan hat die niedrigste Siedetemperatur. Propan-Moleküle haben mit je drei Kohlenstoff-Atomen nur eine kurze Kohlenstoffwasserstoff-Kette, daher wirken nur geringe Van-der-Waals-Kräfte zwischen ihnen, was die niedrige Siedetemperatur von Propan begründet. Methylpropan verfügt zwar wie Butan über vier Kohlenstoff-Atome im Molekül, jedoch sind diese räumlich verzweigt angeordnet, sodass die Van-der-Waals-Kräfte nicht optimal zwischen den Methylpropan-Molekülen wirken können. Butan-Moleküle haben mit der linearen Kohlenstoffwasserstoff-Kette aus vier Kohlenstoff-Atomen die längste Kohlenstoffwasserstoff-Kette und somit wirken zwischen ihnen auch die stärksten Van-der-Waals-Kräfte und die Siedetemperatur von Butan ist am höchsten.

2.4 Waschbenzin & Co.

ERARBEITUNG

A AUFGABEN

Schulbuchseite 85

A1 Fettflecken (Fette) können mit kaltem Wasser nicht aus der Kleidung entfernt werden. Fette sind unpolare Stoffe, Wasser ist ein polarer Stoff. Unpolare Stoffe lösen sich nicht in polaren Stoffen, sie sind hydrophob („wasserabweisend"), da sich zwischen den unpolaren (Fett-)Molekülen und den polaren (Wasser-)Molekülen keine zwischenmolekularen Anziehungskräfte ausbilden können. Mit warmem Wasser lässt sich Fett etwas besser lösen, jedoch sorgt dies eher dafür, dass der Fettfleck verteilt wird. Die Reinigung mit Heptan gelingt dagegen, da Heptan ein unpolares Lösungsmittel ist, das unpolare Stoffe wie Fette lösen kann. Heptan ist lipophil („fettliebend"), da die unpolaren Heptan-Moleküle mit den unpolaren Fett-Molekülen Van-der-Waals-Kräfte ausbilden können.
Hinweis: Für die Reinigung mit Wasser ist die Verwendung von Tensiden notwendig, die die notwendige Mischbarkeit von hydrophoben Stoffen mit Wasser ermöglichen.

A2 Fette sind in Wasser unlöslich, sie sind hydrophob. In heißer (wässriger) Suppe werden Fette flüssig und setzen sich wegen ihrer im Vergleich zu Wasser geringeren Dichte auf dem Wasser ab.

A3 Methan; Schmelztemperatur: -182 °C; LEWIS-Strukturformel:

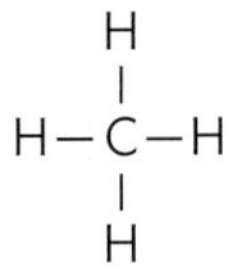

Octan; Schmelztemperatur: -57 °C; LEWIS-Strukturformel:

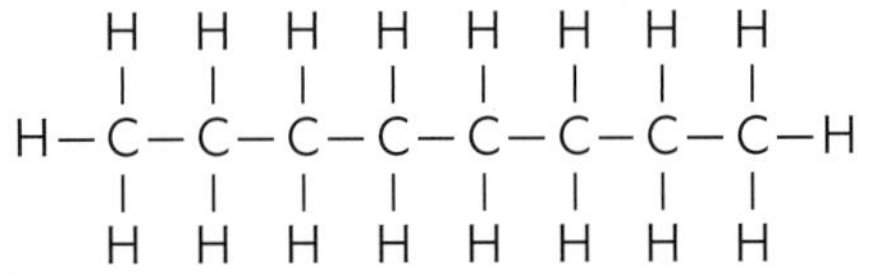

Nonan; Schmelztemperatur: -51 °C; LEWIS-Strukturformel:

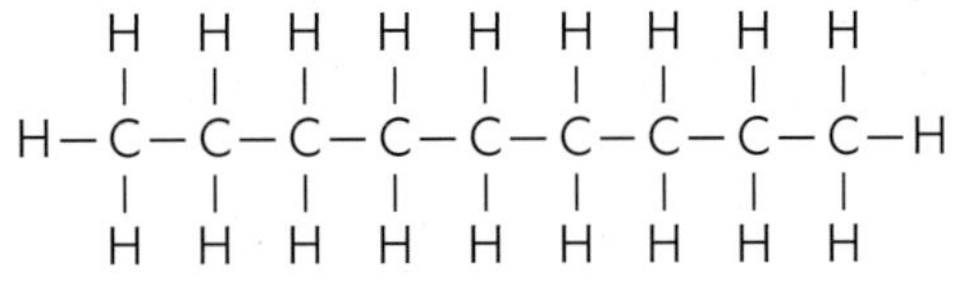

Je länger die Kette aus Kohlenstoff-Atomen in einem Kohlenstoffwasserstoff-Molekül ist, desto stärker sind die Van-der-Waals-Kräfte zwischen den Molekülen und desto höher sind die Siede- und die Schmelztemperatur des entsprechenden Kohlenwasserstoffs. Der Vergleich der Moleküle von Methan, Octan und Nonan miteinander zeigt, dass Methan-Moleküle die kürzeste Kohlenstoff-Atomkette haben und damit die geringsten Van-der-Waals-Kräfte zwischen den Methan-Molekülen herrschen, daher hat Methan die niedrigste Schmelztemperatur. Nonan-Moleküle haben die längste Kohlenstoff-Atomkette (neun Kohlenstoff-Atome), zwischen Nonan-Molekülen wirken die stärksten Van-der-Waals-Kräfte und Nonan hat die höchste Schmelztemperatur.

A4 Halbstrukturformeln von Hexan:

$CH_3-CH_2-CH_2-CH_2-CH_2-CH_3$; $CH_3-(CH_2)_4-CH_3$

Halbstrukturformeln von Dodecan:

$CH_3-CH_2-CH_2-CH_2-CH_2-CH_2-CH_2-CH_2-CH_2-CH_2-CH_2-CH_3$; $CH_3-(CH_2)_{10}-CH_3$

Dodecan-Moleküle (zwölf Kohlenstoff-Atome) haben eine deutlich längere Kohlenstoff-Atomkette als Hexan-Moleküle (sechs Kohlenstoff-Atome). Daher wirken zwischen Dodecan-Molekülen deutlich stärkere Van-der-Waals-Kräfte als zwischen Hexan-Molekülen. Diese stärkeren Anziehungskräfte bewirken, dass die Dodecan-Moleküle schwerer aneinander vorbeigleiten als Hexan-Moleküle. Daher ist Dodecan deutlich zähflüssiger als Hexan, Dodecan hat eine höhere Viskosität.

EXKURS > Polyethen – ein vielseitig verwendeter Kunststoff

A AUFGABEN

Schulbuchseite 86

A1 Produkte aus Weich-Polyethen LD-PE sind z. B. Folienprodukte wie Frischhaltefolien, Müllsäcke, Schrumpffolien und Landwirtschaftsfolien sowie Milchkartonbeschichtungen, Kabelummantelungen, Rohre und Hohlkörper.

Produkte aus Hart-Polyethen PE-HD sind z. B. Hohlkörper, u. a. für Reinigungsmittelflaschen im Haushalt und großvolumige Behälter mit einem Fassungsvermögen von bis zu 1000 L, Spritzgussteile, z. B. Verpackungen und Haushaltswaren, Fasern, Folien sowie Rohre für den Wasser- und Deponiebau.

A2 Reaktionsgleichung für die Polymerisation von Propen zu Polypropen:

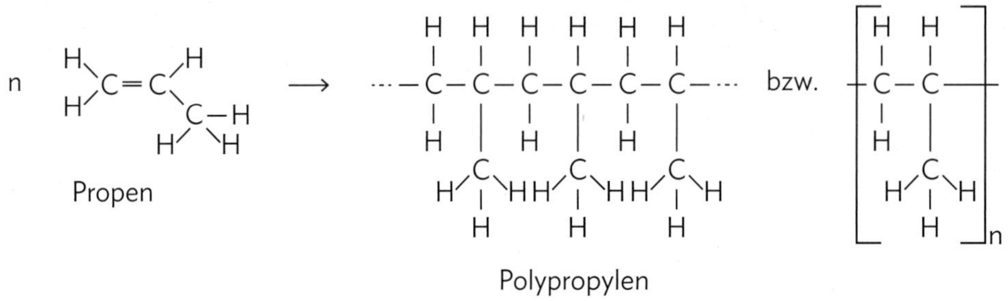

FACHMETHODE: Mehrfachbindungen nachweisen

A AUFGABEN

Schulbuchseite 87

A1 Reaktionsgleichung für die Bromierung von Ethen mit LEWIS-Strukturformeln:

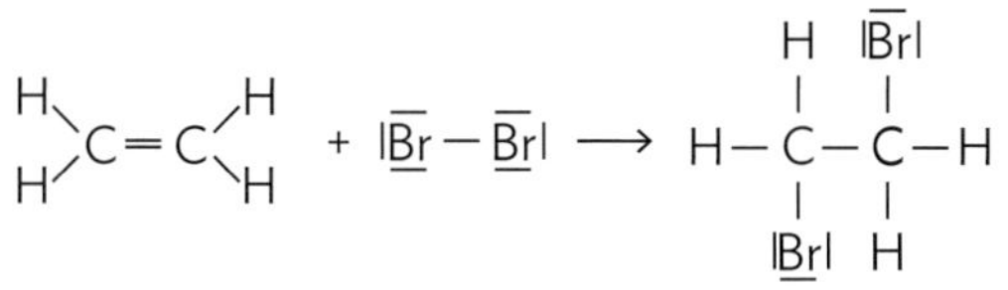

A2 Versuchsdurchführung zum Nachweis, dass Hex-1-en-Moleküle Doppelbindungen enthalten:

Zu einigen Millilitern Hex-1-en wird etwas Bromwasser hinzugefügt. Es bilden sich zwei Flüssigkeitsphasen. Das braune Bromwasser bildet im Reagenzglas die untere Phase, Hex-1-en die obere. Nun verschließt man das Reagenzglas mit einem Stopfen und schüttelt kräftig. Es ist sehr schnell eine Entfärbung des Reaktionsgemisches zu beobachten.
Lässt man das Gemisch erneut stehen, bilden sich zwei farblose Flüssigkeitsphasen.

A3 Die Phasenbildung bei der Reaktion von Hex-1-en mit Bromwasser zu 1,2-Dibromhexan ist damit zu erklären, dass sich Wasser und Hex-1-en nicht ineinander lösen, weil Wasser aus polaren und Hex-1-en aus unpolaren Molekülen besteht. Da Wasser hat eine größere Dichte als Hex-1-en hat, bildet es die untere Phase.
Die Entfärbung des Bromwassers ist mit der Reaktion von Brom-Molekülen mit Hex-1-en-Molekülen während des Schüttelns zu erklären. Dabei findet eine Anlagerung von Brom-Atomen an die Kohlenstoff-Atome der Doppelbindung der Hex-1-en-Moleküle statt. Molekular vorkommendes Brom ist braun und verschwindet bei der Reaktion. Das Reaktionsprodukt aus Hex-1-en und Brom (1,2-Dibromhexan) ist farblos.

A4 Reaktionsgleichung für die Bromierung von Hex-1-en mit LEWIS-Strukturformeln:

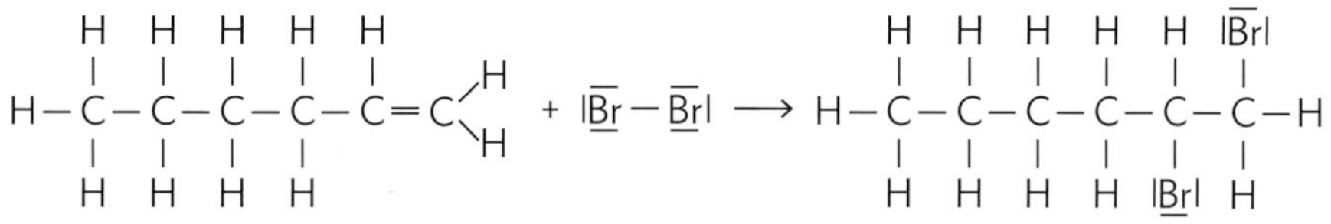

2

ZUM ÜBEN UND WEITERDENKEN

A AUFGABEN

Schulbuchseite 88, 89

A1 Laut Definition sind organische Verbindungen Verbindungen des Kohlenstoffs. Allerdings zählt man die Oxide des Kohlenstoffs (Kohlenstoffdioxid und Kohlenstoffmonooxid), die Kohlensäure und deren Salze, die Carbonate und Hydrogencarbonate, sowie die Carbide (z. B. Calciumcarbid CaC_2) nicht zu den organischen Stoffen (vgl. Schulbuchseite 62).

A2 Erdgas, Torf, Erdöl und Kohle sind fossile Brennstoffe, weil sie in geologischer Vorzeit aus Abbauprodukten von toten Pflanzen und Tieren entstanden sind.

A3 Bei der Verbrennung reagiert Methan mit Sauerstoff.
Wenn die Sauerstoffzufuhr ausreichend ist, verläuft die Verbrennung vollständig mit einer hellblauen Flamme zu Kohlenstoffdioxid (Nachweis mit der Kalkwasserprobe) und Wasser (Nachweis mit Watesmo-Papier). Bei unzureichender Sauerstoffzufuhr verläuft die Verbrennung unvollständig, man beobachtet eine Rußbildung. Neben Kohlenstoffdioxid und Wasser bilden sich Kohlenstoffmonooxid und Kohlenstoff (Ruß).

A4 a) 3-Ethyl-2,4-dimethylhexan b) 5-Ethyl-2,2,4,7-tetramethyloctan

A5 Halbstrukturformel für 3-Ethyl-2,4,6,6-tetramethyloctan:

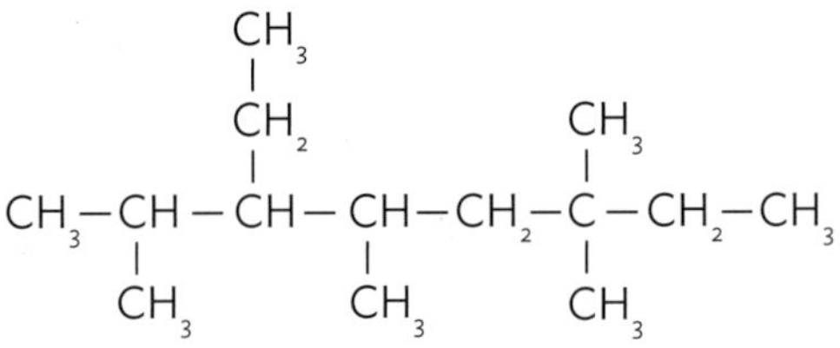

Halbstrukturformel für 2,3,4-Trimethylhexan:

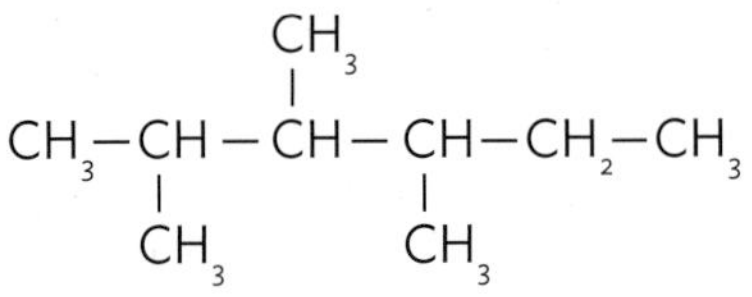

A6 Isomere sind chemische Verbindungen, die die gleiche Summenformel haben, sich aber in der Struktur ihrer Moleküle unterscheiden. Aufgrund ihres unterschiedlichen Molekülbaus haben isomere Verbindungen auch unterschiedliche chemische, physikalische und ggf. biologische Eigenschaften.
Beispiel:
LEWIS-Strukturformeln der Moleküle mit der Summenformel C_4H_{10} sowie Name und Siedetemperatur der entsprechenden isomeren Verbindung:

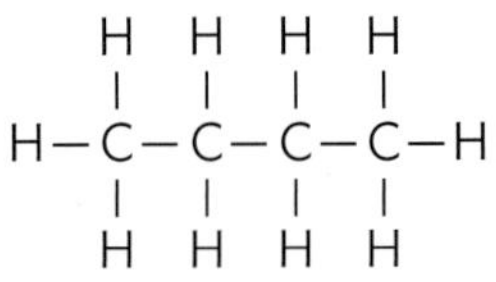

n-Butan
Siedetemperatur: 0,5°C

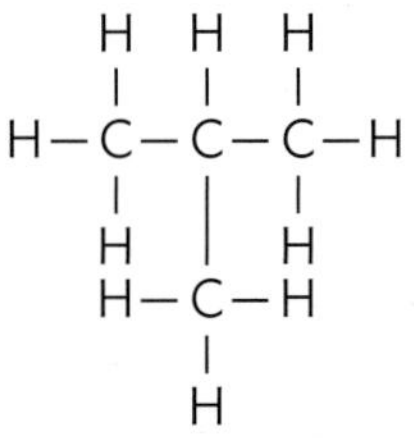

2-Methylpropan
Siedetemperatur: -12°C

A7 Es gibt neun isomere Verbindungen mit der Summenformel C_7H_{16}:

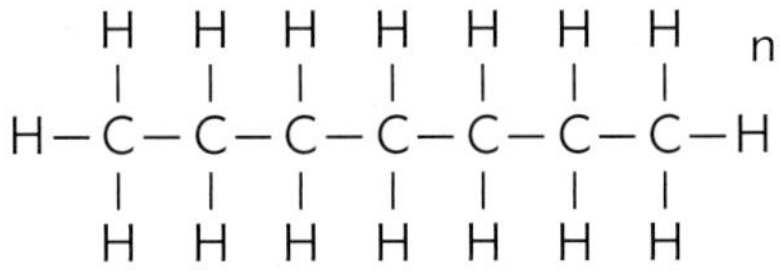

n-Heptan

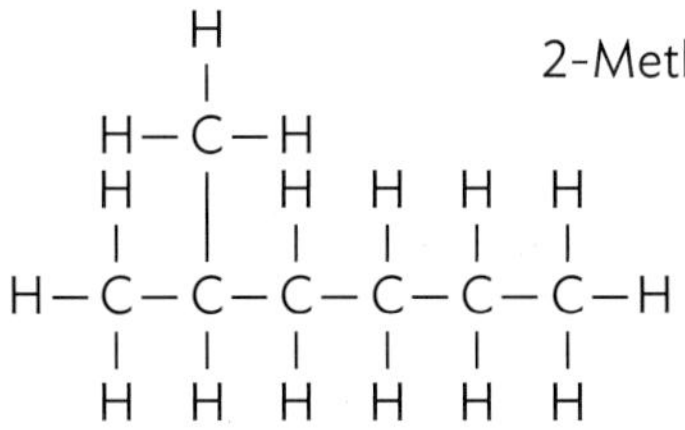

2-Methylhexan

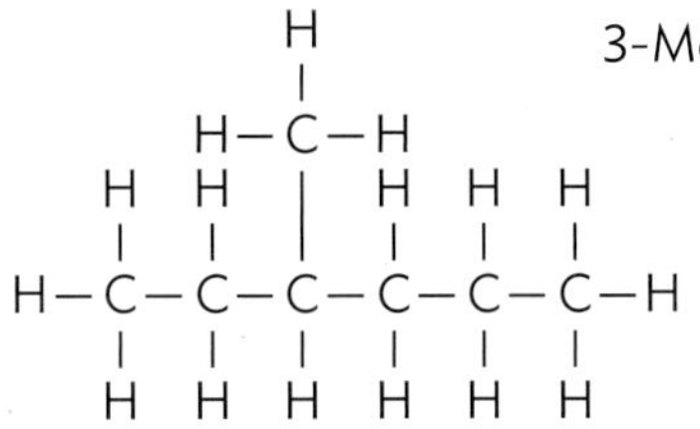

3-Methylhexan

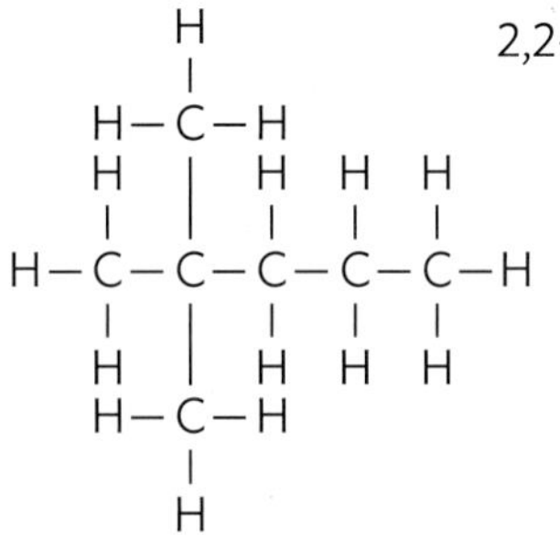

2,2-Dimethylpentan

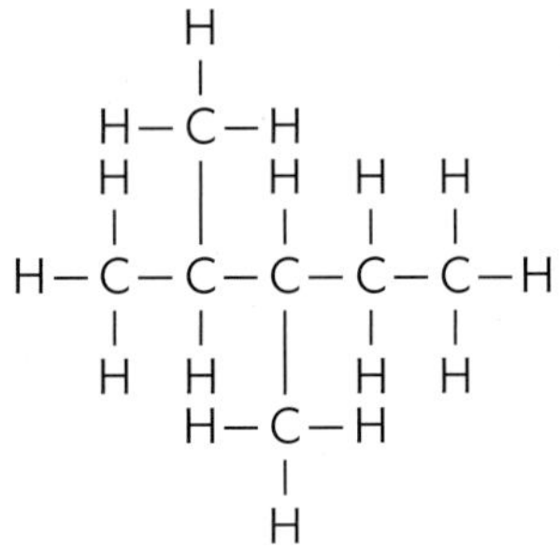

2,3-Dimethylpentan

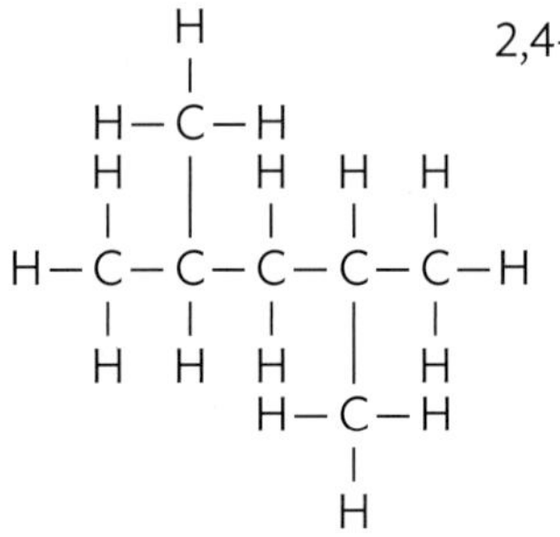

2,4-Dimethylpentan

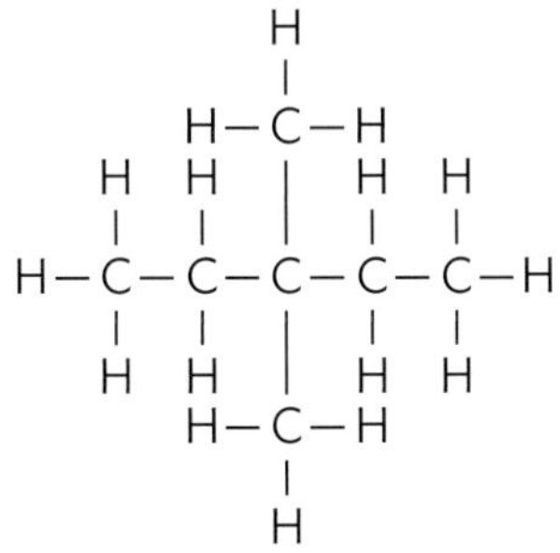

3,3-Dimethylpentan

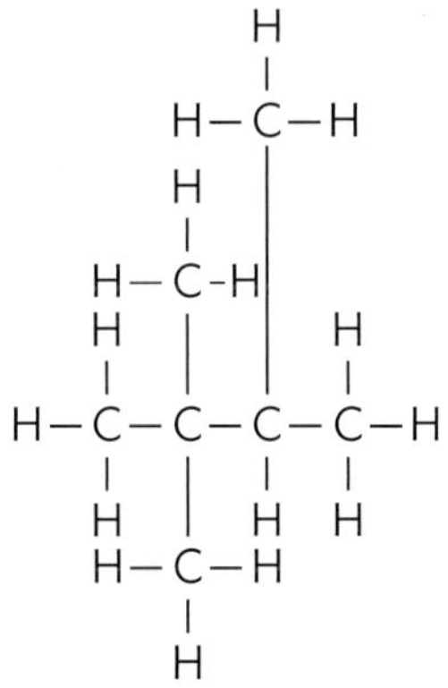

2,2,3-Trimethylbutan

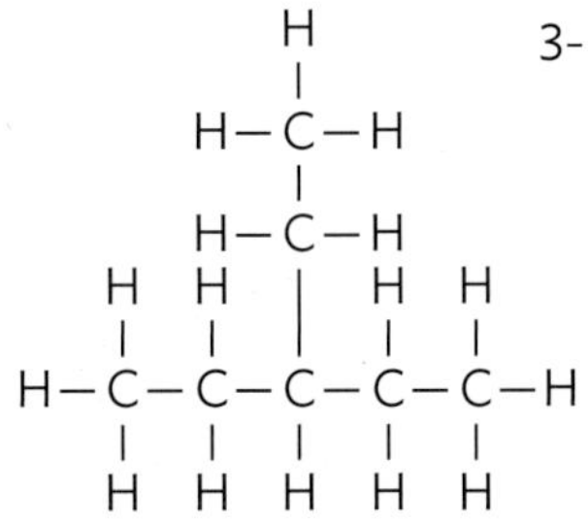

3-Ethylpentan

ZUM ÜBEN UND WEITERDENKEN

A8

Aussage	wahr	falsch	Korrektur
Alkane, Alkene und Alkine verbrennen in Gegenwart von ausreichend Sauerstoff vollständig zu Wasser und Kohlenstoffmonooxid.		x	Alkane, Alkene und Alkine verbrennen in Gegenwart von ausreichend Sauerstoff vollständig zu Wasser und *Kohlenstoffdioxid.*
Bei der unvollständigen Verbrennung von Alkanen, Alkenen und Alkinen entstehen außer Kohlenstoffdioxid CO_2 und Wasser H_2O noch Kohlenstoffmonooxid CO oder Kohlenstoff C (als Ruß).	x		
Genau wie die Alkane sind Alkene und Alkine gut bzw. sehr gut in Wasser löslich.		x	Genau wie die Alkane sind Alkene und Alkine *nicht* in Wasser löslich.
Die Viskosität von Kohlenwasserstoffen nimmt mit zunehmender Länge der Kohlenstoff-Atomkette der Moleküle ab.		x	Die Viskosität von Kohlenwasserstoffen nimmt mit zunehmender Länge der Kohlenstoff-Atomkette der Moleküle *zu.*

A9 Kochsalz, Natriumchlorid NaCl, löst sich gut in Wasser, dagegen weder in Pentan noch in Hexen und Rapsöl. Natriumchlorid ist ein Salz und damit aus Ionen, Natrium-Kationen und Chlorid-Anionen, aufgebaut, die ein Ionengitter bilden.

Wasser ist ein polares Lösungsmittel und aus polaren Wasser-Molekülen, Dipolen, aufgebaut. Bei Pentan, Hexen und Rapsöl handelt es sich um unpolare Lösungsmittel. Kochsalz löst sich gut in polaren Lösungsmitteln wie Wasser, denn zwischen den Ionen des Ionengitters und den polaren Wasser-Molekülen, den Dipolen, treten Ion-Dipol-Wechselwirkungen auf: Die Wasser-Moleküle lagern sich an die Ionen des Salzes an und lösen einzelne Ionen aus dem Ionengitter. Dadurch wird das Ionengitter zerstört und es bilden sich hydratisierte Natrium-Ionen Na^+ (aq) und hydratisierte Chlorid-Ionen Cl^- (aq).

Pentan, Hexen und Rapsöl bestehen aus unpolaren Molekülen, die nicht mit den Ionen des Salzes wechselwirken und diese daher nicht aus dem Ionengitter herauslösen bzw. das Ionengitter zerstören können.

A10 Reaktionsgleichung für die Addition von Brom an But-2-en:

But-2-en + Brom ⟶ 2,3-Dibrombutan

C_4H_8 (g) + Br_2 (aq) ⟶ $C_4H_8Br_2$ (aq)

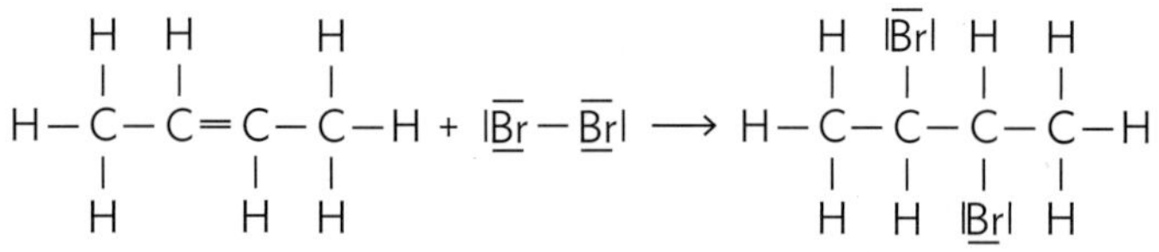

A11 Es gibt zwei isomere Alkane mit vier Kohlenstoff-Atomen, n-Butan und 2-Methylpropan. Ihre Moleküle haben folgende Halbstrukturformeln:

n-Butan: $CH_3-CH_2-CH_2-CH_3$ 2-Methylpropan:

$$\begin{array}{c} \quad CH_3 \\ \quad | \\ CH_3-CH-CH_3 \end{array}$$

A12 Ethen ist eine wichtige Grundchemikalie, die industriell zu mehr als 75 % zur Herstellung von Kunststoffen verwendet wird, darunter:

- Polyethen (Polyethylen PE, 56 %) für Verpackungen, Folien, Rohre etc.
- 1,2-Dichlorethan zur Herstellung von Polyvinylchlorid PVC (14 %)
- Ethylenoxid (11 %) als Desinfektionsmittel für Nahrungsmittel, Textilfasern und medizinische Geräte sowie als Zwischenprodukt für die Synthese von Ethan-1,2-diol als Enteisungs- und Frostschutzmittel
- Ethylbenzol (7 %) zur Herstellung von Polystyrol PS

A13 a) vollständige Verbrennung von Ethen:
$CH_2{=}CH_2\ (g) + O_2\ (g) \longrightarrow 2\ CO_2\ (g) + 2\ H_2O\ (g)$

b) Reaktion von Pent-2-en mit Brom zu 2,3-Dibrompentan:
$CH_3\text{-}CH{=}CH\text{-}CH_2\text{-}CH_3\ (l) + Br_2\ (aq) \longrightarrow CH_3\text{-}CHBr\text{-}CHBr\text{-}CH_2\text{-}CH_3\ (l)$

c) unvollständige Verbrennung von Methan:
$2\ CH_4\ (g) + 3\ O_2\ (g) \longrightarrow 2\ CO\ (g) + 4\ H_2O\ (g)$

d) Addition von Wasserstoff an Propen zu Propan:
$CH_2{=}CH\text{-}CH_3\ (g) + H_2\ (g) \longrightarrow CH_3\text{-}CH_2\text{-}CH_3\ (g)$

e) Bromierung von Ethin zu 1,2-Dibrommethen:
$CH{\equiv}CH\ (g) + 2\ Br_2\ (aq) \longrightarrow CHBr{=}CHBr\ (l)$

A14 Eine Probe Benzin wird mit Bromwasser geschüttelt. Entfärbt sich das Bromwasser, sind in Benzin Verbindungen mit Doppelbindungen in den Molekülen enthalten.

A15

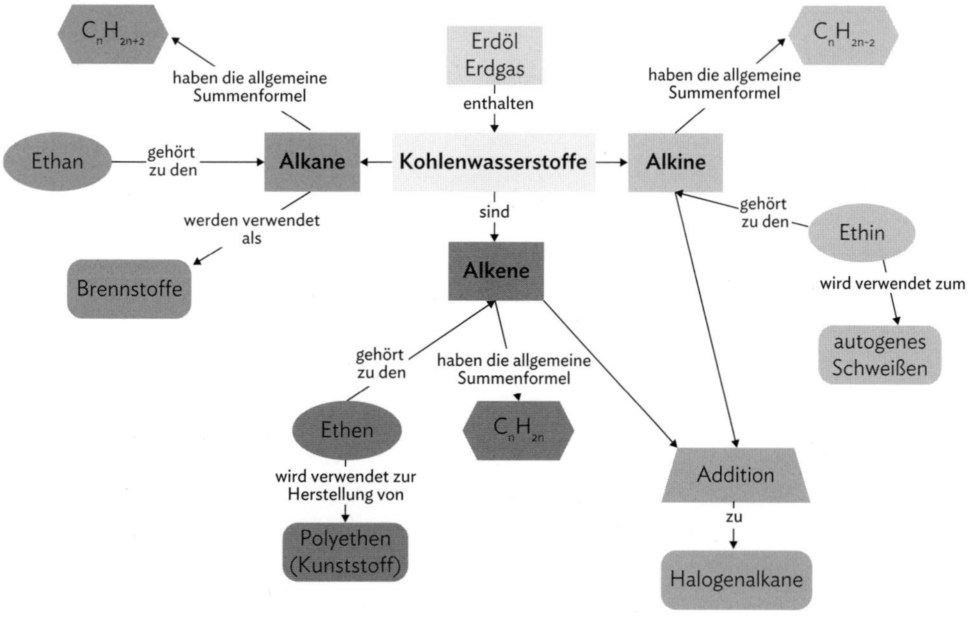

ZUM ÜBEN UND WEITERDENKEN

M1 Die vereiste Propangasflasche

Schulbuchseite 90

A1 Da die Siedetemperatur von Propan -42,1 °C und die von Butan -0,5 °C ist, liegen beide Stoffe bei Raumtemperatur als Gase vor. Werden diese Gase unter Druck komprimiert, nähern sich ihre Moleküle einander an, sodass (schwache) Van-der-Waals-Kräfte zwischen ihnen wirken können. Aufgrund dieser zunehmend stärker werdenden Anziehungskräfte zwischen den Molekülen kondensieren die Gase und das von den Stoffen eingenommene Volumen nimmt ab. Für die Verflüssigung von Propan ist ein höherer Druck notwendig, als zur Verflüssigung von Butan.

A2 Beim Verdampfen von Flüssiggas ändert sich dessen Aggregatzustand von flüssig nach gasförmig. Im flüssigen Aggregatzustand sind die Moleküle dichter gepackt als im gasförmigen Zustand. Verdampft das Gas, nimmt die Packungsdichte ab, die Beweglichkeit der Teilchen und das Volumen, indem sich die Teilchen aufhalten, nehmen zu.

A3 Ein Grill mit hoher Leistung benötigt mehr Brennstoff pro Zeitintervall als ein Grill niedriger Leistung, sodass das Gas schneller aus der Gasflasche entnommen wird. Dafür muss das Flüssiggas im Inneren der Gasflasche schneller verdampfen, weshalb es zu einer schnelleren und stärkeren Abkühlung kommt. Dadurch sinkt auch die Temperatur außen auf der Flasche schneller und stärker unter 0 °C und ein Gefrieren der Luftfeuchtigkeit (Vereisung) setzt eher und stärker ein.

A4 Das vorgeschlagene Wasserbad führt zu einer Erwärmung der Gasflasche. Dadurch wird die Eisbildung auf der Außenseite verzögert oder gar unterbunden. Zusätzlich erwärmt sich das Flüssiggas im Inneren der Flasche, wodurch es leichter verdampft bzw. der Dampfdruck erhöht sich. Die damit verbundene Druckerhöhung führt zu einer höheren Leistungsfähigkeit des Grills, aber auch zu einem schnelleren Verbrauch des Gases.

A5 Gesucht ist das Volumen an Propangas $V(C_3H_8)$, das aus einer Gasflasche entweichen kann, die mit einer Masse an Propan von 33 kg (= 33 000 g), $m(C_3H_8) = 33$ kg, gefüllt ist.
Gegeben ist weiterhin das molare Volumen V_m des Gases $V_m(C_3H_8) = 24$ L/mol sowie die molare Masse von Propan $M(C_3H_8) = 44$ g/mol.

1. Berechnung der Stoffmenge an Propan $n(C_3H_8)$, die in der Gasflasche enthalten ist:
   aus $M(C_3H_8) = m(C_3H_8) : n(C_3H_8)$ folgt $n(C_3H_8) = m(C_3H_8) : M(C_3H_8)$ und
   $n(C_3H_8) = 33\,000\text{ g} : 44\text{ g/mol} = 750\text{ mol}$
2. Berechnung des Volumens an Propan, das aus der Gasflasche entweichen kann:
   aus $V(C_3H_8) = V_m(C_3H_8) \cdot n(C_3H_8)$ folgt
   $V(C_3H_8) = 24\text{ L/mol} \cdot 750\text{ mol} = 18\,000\text{ L} = 18\text{ m}^3$

Aus der mit 33 kg Propan gefüllten Gasflasche kann ein Propangasvolumen von 18 m³ entweichen.

M2 Von Kettenöl, Schmierfett, Vaseline und Paraffinen

Schulbuchseite 91

A1 Hexan hat eine niedrige Viskosität und eine niedrige Siedetemperatur. Es fließt also leicht zwischen den Kettengliedern durch und verdunstet nach kurzer Zeit.

A2 Schmierfette enthalten Kohlenwasserstoffe, deren Moleküle längere Kohlenstoff-Atomketten haben als die Moleküle der Kohlenwasserstoffe in Schmierölen.
Je länger die Kohlenstoff-Atomketten in den Molekülen sind, desto stärker sind die Van-der-Waals-Kräfte zwischen ihnen und desto höher ist die Viskosität der entsprechenden Stoffe.
Folglich ist die Viskosität der Schmierfette größer als die der Schmieröle.

A3 Margarine und Butter gehören zu den biogenen Schmierstoffen. Prinzipiell sind sie geeignet, um eine Kette zu ölen. Nachteilig ist jedoch, dass sich diese Fette und auch biogene Öle mit der Zeit zersetzen, sodass die Schmiereigenschaften nachlassen. In Bereichen, in denen Mineralöle nicht in den Boden gelangen dürfen, werden solche Fette allerdings eingesetzt. So werden Kettensägen oft mit Sonnenblumenöl geschmiert.

A4 Vaseline ist ein Gemisch aus festen und flüssigen Kohlenwasserstoffen. Beim Einreiben der Dichtung dringt die Vaseline in kleine Risse der Dichtung ein. Da sie wasserabweisend und nahezu luftundurchlässig ist, können Wasser und Luft nicht mehr in die Risse gelangen. Zudem wirkt Vaseline als Schmiermittel, sodass die Flanken eines Risses aneinander vorbeigleiten können und der Gummi länger elastisch bleibt.

ZUM ÜBEN UND WEITERDENKEN

M3 Ethen – ein kleines Molekül mit großer Wirkung

Schulbuchseite 91

A1

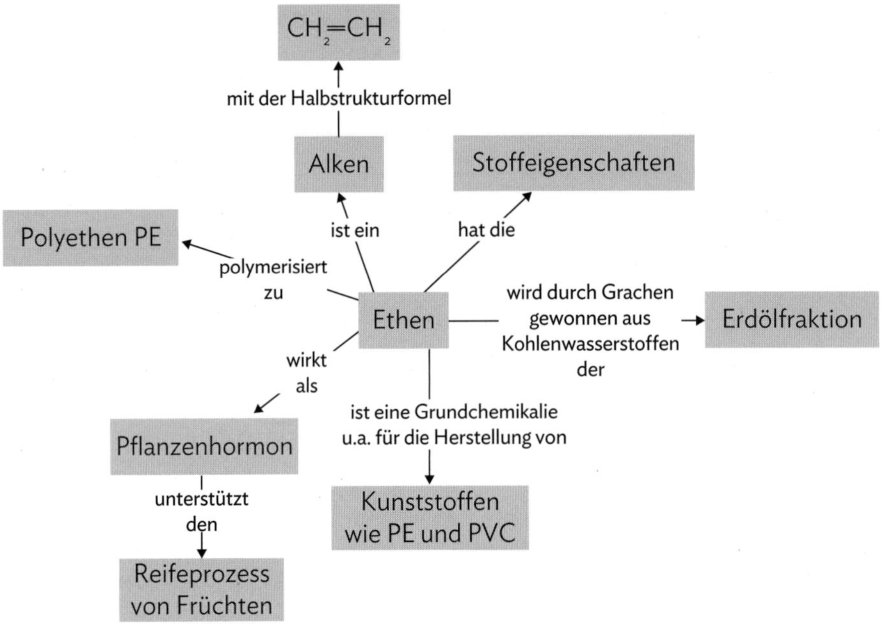

A2 Reaktionsgleichung für die Polymerisation von Vinylchlorid zu Polyvinylchlorid PVC mit LEWIS-Strukturformeln:

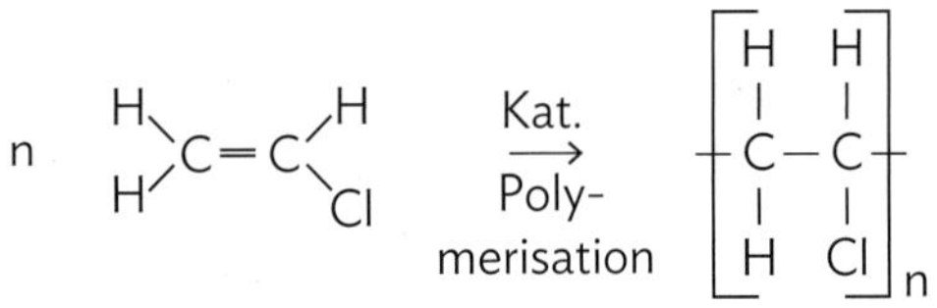

VERSUCHE UND MATERIAL

V AUSWERTUNG
Schulbuchseite 100

V1

a) Das gasförmige Produkt, das aus dem Erlenmeyerkolben über das Gärröhrchen ins Kalkwasser gelangt, trübt das Kalkwasser. Bei dem Gas sollte es sich um Kohlenstoffdioxid handeln, da die Trübung von Kalkwasser ein Nachweis für Kohlenstoffdioxid ist. Dieses bildet mit Kalkwasser Calciumcarbonat, das schwerlöslich ist, ausfällt und die Lösung trübt.

b) Offene Antwort. Der Versuch (alkoholische Gärung) ist erfolgreich verlaufen, wenn ausreichend Ethanol entstanden ist. Solch ein Ergebnis wird durch eine deutliche Rotfärbung einer Cerammoniumnitratlösung (vgl. **B1** auf Seite 100 im Schülerbuch) angezeigt.

V AUSWERTUNG
Schulbuchseite 101

V2

a) Das Kalkwasser trübt sich und das Watesmo-Papier färbt sich blau.

b) Aus den Beobachtungen kann geschlossen werden, dass bei der Verbrennung von Ethanol als Produkte Kohlenstoffdioxid (Trübung des Kalkwassers) und Wasser (Blaufärbung des Watesmo-Papiers) entstehen.

c) In Ethanol-Molekülen müssen die Elemente Kohlenstoff, Sauerstoff und Wasserstoff gebunden sein.

V AUSWERTUNG
Schulbuchseite 101

LV3

LV4

a) Die Magnesiumspäne im Reagenzglas bei **LV3** glühen auf und auf der Oberfläche des Magnesiums bildet sich ein weißer, fester Stoff. Das ausströmende Gas brennt. Das Universalindikatorpapier färbt sich blau.

b) Das feste Reaktionsprodukt bei **LV3** ist Magnesiumoxid.

c) Da das Reagenzglas während der Reaktion bei **LV3** verschlossen war, kann ein Eindringen von Luftsauerstoff nahezu ausgeschlossen werden. Also müssen die Sauerstoff-Atome, die in Magnesiumoxid enthalten sind, überwiegend aus den Ethanol-Molekülen stammen. Die Magnesium-Atome, die in Magnesiumoxid enthalten sind, stammen aus dem metallischen Magnesium.

d) Das bei der Reaktion von Natrium mit Ethanol in **LV4** entstehende Gas ist Wasserstoff. Dieses wird durch die negativ verlaufende Knallgasprobe nachgewiesen.

e) Sowohl bei der Reaktion von Natrium mit Wasser als auch bei der Reaktion von Natrium mit Ethanol (**LV4**) entsteht Wasserstoff. Die beiden Reaktionen unterscheiden sich im zweiten Reaktionsprodukt. Während sich bei der Reaktion von Natrium mit Wasser als zweites Produkt Natriumhydroxidlösung (Natronlauge) bildet (1), bleibt bei der Reaktion mit Ethanol (**LV4**) nach dem Verdampfen der Lösung ein weißer, salzartiger Feststoff zurück, bei dem es sich um Natriumethanolat handelt (2).

(1) $2\ Na\ (s) + 2\ H_2O\ (l) \longrightarrow 2\ Na^+\ (aq) + 2\ OH^-\ (aq) + H_2\ (g)$

(2) $2\ Na\ (s) + 2\ C_2H_5OH\ (l) \longrightarrow 2\ C_2H_5ONa\ (aq) + H_2\ (g)$

f) Ethanol-Moleküle bestehen aus Atomen der Elemente Kohlenstoff, Wasserstoff und Sauerstoff.
Auf Kohlenstoff lässt sich aus dem Entstehen von Kohlenstoffdioxid (Nachweis mit der Kalkwasserprobe) bei der Verbrennung von Ethanol (**V2**) schließen.
Auf Wasserstoff lässt sich aus dem Entstehen von Wasserstoff (Nachweis durch die Knallgasprobe) bei der Reaktion mit Natrium (**LV4**) schließen.
Auf Sauerstoff lässt sich aus dem Entstehen von Magnesiumoxid (Blaufärbung des feuchten Universalindikatorpapiers) bei der Reaktion mit Magnesium (**LV3**) schließen.

ERARBEITUNG

A AUFGABEN

Schulbuchseite 103

A1 Die Verwendung eines Gärröhrchens bei einer alkoholischen Gärung verhindert den Zutritt von Luft (Sauerstoff) und ermöglicht gleichzeitig den Austritt von Kohlenstoffdioxid (ein Produkt der alkoholischen Gärung) aus dem Gärbehälter.

A2 Beide Moleküle, die die möglichen Strukturen für ein Molekül der Summenformel C_2H_6O in **B2** auf Seite 103 im Schülerbuch zeigen, enthalten Atome der Elemente Wasserstoff, Sauerstoff und Kohlenstoff. Diese haben folgende Elektronegativitätswerte:

EN(Wasserstoff) = 2,1
EN(Sauerstoff) = 3,5
EN(Kohlenstoff) = 2,5

Damit ergeben sich für die Elektronegativitätsdifferenzen bei den verschiedenen Bindungen innerhalb der beiden Moleküle folgende Werte:

Molekül A: Kohlenstoff-Wasserstoffbindungen ΔEN(C-H) = 0,4
Kohlenstoff-Sauerstoffbindung ΔEN(C-O) = 1,0
Sauerstoff-Wasserstoffbindung ΔEN(O-H) = 1,4

Molekül B: Kohlenstoff-Wasserstoffbindungen ΔEN(C-H) = 0,4
Kohlenstoff-Sauerstoffbindungen ΔEN(C-O) = 1,0

Damit können die Kohlenstoff-Wasserstoffbindungen in beiden Molekülstrukturen als schwach polar und die Kohlenstoff-Sauerstoffbindungen in beiden Molekülstrukturen als polar eingestuft werden. Die stark polare Elektronenpaarbindung zwischen einem Sauerstoff- und einem Wasserstoff-Atom tritt nur in der Molekülstruktur A auf.

A3 Reaktion von Ethanol mit Natrium unter Verwendung von LEWIS-Strukturformeln:

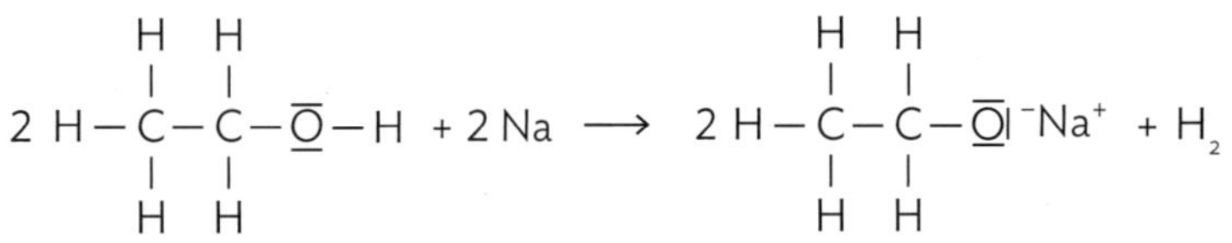

A4 **Steckbrief Ethanol**

Summenformel:	C_2H_6O bzw. C_2H_5OH
molare Masse:	$M(C_2H_6O)$ = 46 g/mol
Aggregatzustand (20 °C):	flüssig
Farbe:	farblos
Siedetemperatur:	–114,2 °C
Schmelztemperatur:	78,4 °C
Dichte:	0,79 g/cm³ (geringer als Wasser)
Löslichkeit in Wasser:	unbegrenzt löslich
Brennbarkeit:	brennbar (mit leicht bläulicher Flamme), verbrennt vollständig zu Kohlenstoffdioxid und Wasser
Nachweis:	mit Cerammoniumnitratlösung (färbt sich rotorange)
Herstellung:	durch alkoholische Gärung aus Glucose

FACHMETHODE: Oxidationszahlen in organischen Verbindungen bestimmen

A AUFGABE

Schulbuchseite 104

A1 Bestimmung der Oxidationszahlen aller Atome in den Molekülen von Methylpropan, Propan-2-ol, 2-Methylbutan-1-ol, Propan-1,2,3-triol und Methanal

Hinweis: Die Schritte 1. bis 3. sind jeweils zusammengefasst dargestellt.

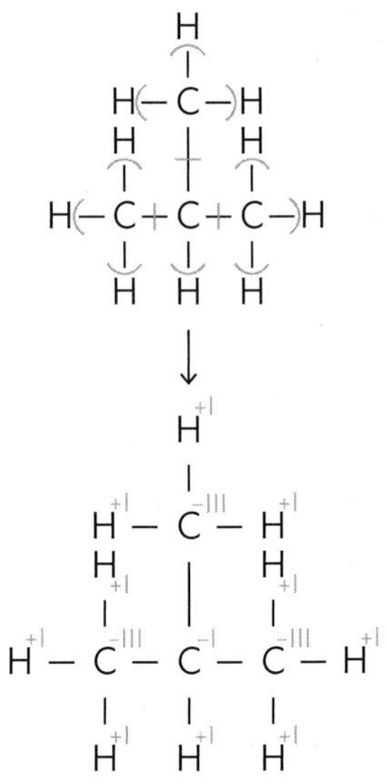

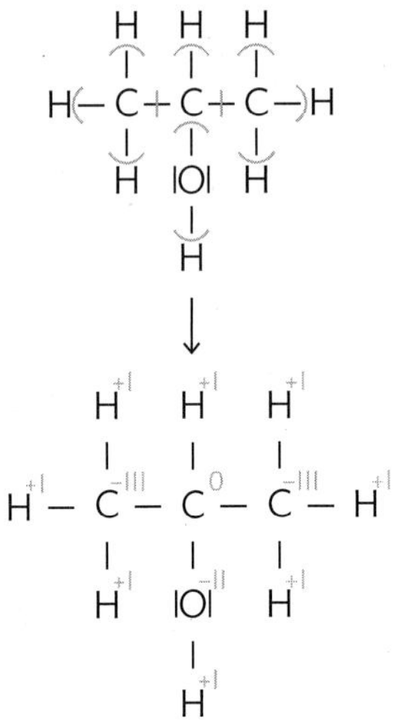

Propan-2-ol

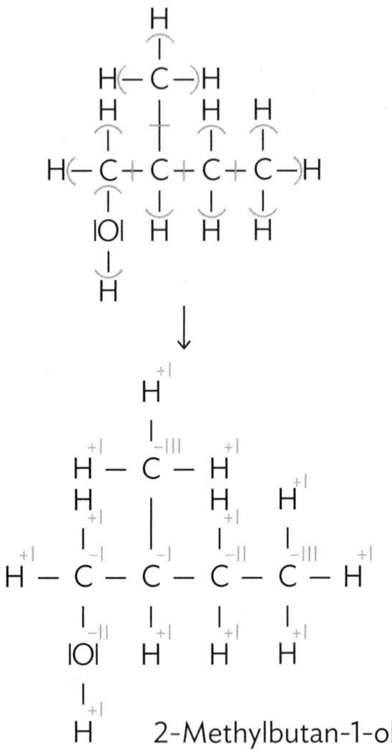

2-Methylbutan-1-ol

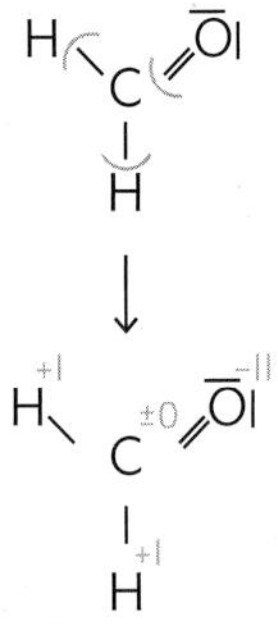

Methanal

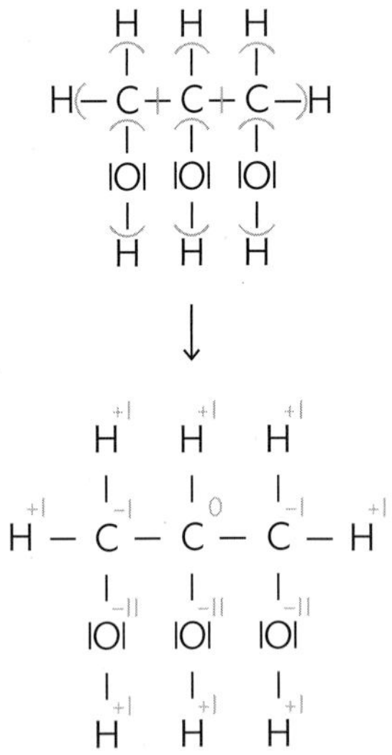

Propan-1,2,3-triol

EXKURS > Alkoholgenuss und seine Folgen

A AUFGABEN

Schulbuchseite 105

A1 Offene Antwort. Denkbar wäre z. B. eine Darstellung, die einen menschlichen Körper zeigt und in der die Folgen des Alkoholkonsums den verschiedenen Organen des menschlichen Körpers zugeordnet sind:
Mund, Rachen, Speiseröhre: Krebs
Leber: Verfettung, Zirrhose, Krebs
Bauch: Übergewicht („Bierbauch")
Nerven: Störungen, Krämpfe, Zittern, Kribbeln
Magen, Darm: Schleimhautentzündung, Funktionsstörungen, Krebs
Haut: teigig, aufgedunsen
Geschlechtsorgane: Impotenz, Nachlassen der sexuellen Erlebnisfähigkeit, Schädigungen des Kindes bei Schwangeren
Bauchspeicheldrüse: Funktionsstörung, Entzündungen
Herz: Bluthochdruck, Rhythmusstörungen, Herzmuskelentzündungen
Brustdrüse: Krebs
Gehirn: Absterben von Gehirnzellen, Abnahme von Gedächtnisleistung, Konzentrationsfähigkeit, Intelligenz, und Urteilsvermögen
Nase: knollenartige Verdickung

A2 Offene Antwort. Folgende Auswirkungen des regelmäßigen Alkoholkonsums auf die menschliche Psyche werden in mehreren Quellen genannt: Unzuverlässigkeit, Nachlassen der Kritikfähigkeit und Urteilsfähigkeit, Reizbarkeit, grundlose Euphorie, Selbstüberschätzung, Unruhe, vielfältige Ängste bis hin zu Phobien, Zwangsstörungen, übertriebene Eifersucht, Depressionen und Selbstmordgedanken.

VERSUCHE UND MATERIAL

V AUSWERTUNG

Schulbuchseite 106

V1

V2

a) Bei der Zugabe von Ethanol (A) und Propan-1-ol (B) zu Wasser sind keine verschiedenen Phasen zu beobachten. Danach lösen sich diese Alkohole gut in Wasser.
Bei der Zugabe von Butan-1-ol (C) und Pentan-1-ol (D) zu Wasser ist jeweils eine Phasengrenze, also die Ausbildung zweier Phasen, zu beobachten. Danach lösen sich diese Alkohole nicht gut in Wasser.
Aufgrund dieser Beobachtungen kann man schließen, dass sich Alkohole umso schlechter in Wasser lösen, je länger die Kohlenstoff-Atomkette ihrer Moleküle ist.

b) Die Verhältnisformel von Natriumhydroxid ist NaOH. Die Summenformel von Ethanol ist C_2H_6O und die Halbstrukturformel CH_3CH_2OH.
Die Verhältnisformel für Natriumhydroxid zeigt wie die Halbstrukturformel für Ethanol eine OH-Gruppierung. Diese sind aber nicht identisch.
Die Lösung von Natriumhydroxid NaOH färbt Universalindikatorlösung blau (alkalische Lösung), also müssen in ihr Hydroxid-Ionen OH^- vorliegen. Danach ist Natriumhydroxid aus Natrium-Kationen Na^+ und Hydroxid-Ionen OH^- aufgebaut, die eine Ionenbindung miteinander ausbilden. Ethanol verfärbt die Universalindikatorlösung nicht, in der Lösung liegen keine Hydroxid-Ionen OH^- vor. Ethanol ist eine Molekülverbindung, in der die Hydroxy-Gruppe –OH mit dem benachbarten Kohlenstoff-Atom durch eine polare Elektronenpaarbindung verbunden ist, die auch beim Lösen des Stoffes erhalten bleibt.

c) Propan-1-ol ist mit Ethanol verwandt, da es in Lösung die Universalindikatorlösung nicht färbt.

V AUSWERTUNG

Schulbuchseite 107

V3

V4

a)
a) Öl und Wasser: Es bilden sich zwei Phasen, Öl schwimmt auf dem Wasser.
b) Ethanol und Öl: Es bilden sich zwei Phasen, Öl setzt sich unten am Boden ab.
c) Wasser und Ethanol: Es ist nur eine Phase erkennbar.
d) Ethanol und Pentan: Es bilden sich zwei Phasen, Pentan schwimmt auf dem Ethanol.
e) Pentan und Wasser: Es bilden sich zwei Phasen, Pentan schwimmt auf dem Wasser.

Ethanol löst sich danach weder in Öl noch in Pentan, aber gut in Wasser. Öl und Pentan lösen sich nicht in Wasser. Daraus ist zu schließen, dass Ethanol wie Wasser ein polares Lösungsmittel ist, während Öl und Pentan unpolar sind. Ebenso kann man folgern, dass die Dichte von Öl ist geringer als die von Wasser (a), aber größer als die von Ethanol ist (b). Die Dichte von Pentan ist kleiner als die Dichte von Ethanol (d) und kleiner als die von Wasser (e).
Hinweis: Dichte der eingesetzten Stoffe: Wasser 1g/ cm^3; Pentan 0,6337 g/ cm^3, Ethanol 0,79 g/ cm^3, Olivenöl oder Sonnenblumenöl 0,9 g/ cm^3.

b) Ethanol löst sich sehr gut in Wasser, Öl löst sich nicht in Wasser.
Daraus, dass Ethanol den Öltropfen „zerteilt“, also teilweise löst, kann man schließen, dass die Polarität von Ethanol zwischen der von Wasser (polar) und Öl (unpolar) liegt.
„Ethanol löst sich sehr gut in Wasser und etwas in Öl.“
„ Als Lösungsmittel ist Ethanol weniger polar als Wasser, aber polarer als Öl.“

VERSUCHE UND MATERIAL

V AUSWERTUNG

Schulbuchseite 107

LV5 V6 LV7

a) Flamme a): Ethanol, Flamme b): Propan-1-ol, Flamme c): Methanol

b) Je höher der Anteil Ethanol in einem Ethanol-Wasser-Gemisch ist, desto besser ist die Brennbarkeit des Gemischs.

c) Oleg erklärt sich die Beobachtung, dass sich der Geldschein nicht entzünden lässt, damit, dass das Gemisch, in das der Schein getaucht wird, Wasser enthält. Obwohl dieses durchaus in der Regel zum Löschen verwendet werden kann, ist seine Aussage so nicht richtig.
Prinzipiell lassen sich Alkohole entzünden. Sie sind in der Regel leicht flüchtig, verdampfen also leicht, und die Gase lassen sich entzünden. Bei den beobachtbaren Flammen handelt es sich um diese brennenden Gase.
In einem Ethanol-Wasser-Gemisch verdampft Ethanol ebenfalls, lässt sich entzünden und verbrennt nach folgender Reaktionsgleichung: $CH_3CH_2OH + 3\,O_2 \longrightarrow 2\,CO_2 + 3\,H_2O$.
Auch das in **LV7** verwendete 1 : 1-Gemisch aus Ethanol und Wasser bleibt grundsätzlich brennbar. Bei der Ethanolverbrennung verdampft aber gleichzeitig auch Wasser, wodurch der Lösung Wärme entzogen wird, so dass der Geldschein nicht entflammt.
In reinem Ethanol würde der Geldschein dagegen aufgrund der Verbrennungswärme des Ethanols verbrennen.

ERARBEITUNG

A AUFGABE Schulbuchseite 109

A1

a) Butan-2-ol, sekundärer Alkohol
b) Decan-1-ol (Decanol), primärer Alkohol
c) 3-Methylpentan-3-ol, tertiärer Alkohol
d) Hexan-1-ol (Hexanol), primärer Alkohol

EXKURS > Methanol – der giftige Bruder des Ethanols

A AUFGABEN Schulbuchseite 110

A1 Offene Antwort. Bei der alkoholischen Gärung entstehen außer Ethanol verschiedene andere Alkohole, z. B. Propan-1-ol, Isobutanol und eben auch Methanol. Im Gegensatz zu den anderen Alkoholen bildet sich Methanol allerdings durch die enzymatische Spaltung von Pektinen (pflanzlichen Polysacchariden), also nicht durch Gärung.

A2 Die Verstoffwechselung von Methanol erfolgt im menschlichen Körper wesentlich langsamer als die von Ethanol. Beide Alkohole werden durch das Enzym Alkoholdehydrogenase (ADH) abgebaut. Wenn dieses Enzym nun durch den Abbau von Ethanol ausgelastet ist, wird Methanol nicht zu den toxischen Zwischenprodukten abgebaut, sondern unverändert ausgeschieden. Durch die Verabreichung von Ethanol bei einer Methanolvergiftung führt man „künstlich" eine Auslastung der ADH herbei, mit der genannten Folge, dass Methanol ausgeschieden wird.

EXKURS > Gas und „Geist“ aus dem Holz

A AUFGABEN

Schulbuchseite 111

A1

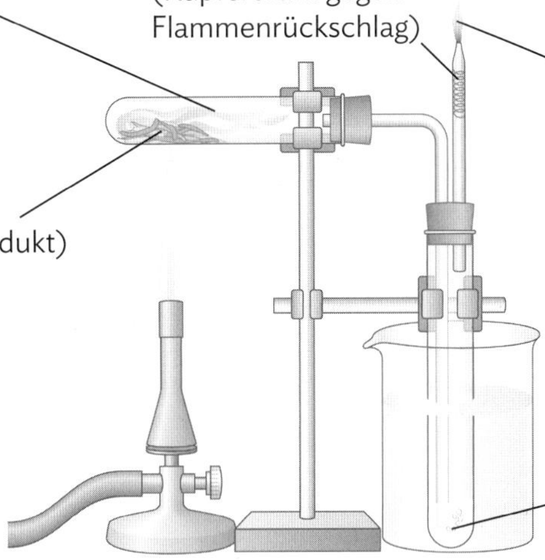

A2

Offene Antwort.

Als Pro-Argumente sollten angeführt werden, dass das für den Holzantrieb verwendete Holz ein nachwachsender Rohstoff ist, der praktisch überall verfügbar und relativ preiswert ist, und dass man mit dem Einsatz von Holz als Fahrzeugkraftstoff unabhängig von Ölimporten bleibt.

Gegen Holz spricht, dass es erst getrocknet und gehäckselt werden muss, dass sich nur Buchenholz eignet und dass der „Tank“ für den Holzvorrat sehr groß sein muss. Zudem sind Reichweite und Geschwindigkeit von Fahrzeugen mit Holzantrieb gering, während der Ausstoß von klimaschädlichem Kohlenstoffdioxid und Feinstaub hoch ist. Außerdem besteht eine hohe Explosionsgefahr. Nicht nur der benötigte Holzvorrat, sondern auch die recht große und schwere Vergasereinheit fordern verschiedene An- und Umbauten, die teuer sind und das Fahrzeug unhandlich und unbeweglich machen. Des Weiteren ist das Fahrzeug aufgrund der Rückstände (Holzteer) sehr wartungsintensiv.

Nach Abwägung der genannten Vor- und Nachteile wäre folgendes Fazit zu ziehen:

Da die Nachteile eines Holzantriebs deutlich überwiegen und bereits andere Möglichkeiten wie z. B. der Elektroantrieb zur Verfügung stehen, ist der Holzantrieb heutzutage keine ernstzunehmende Alternative mehr für den herkömmlichen Fahrzeugantrieb auf Basis von Benzin bzw. Diesel.

VERSUCHE UND MATERIAL

V AUSWERTUNG

Schulbuchseite 112

LV1

a) Nach dem Glühen sieht das Kupferblech dunkel (schwarz) aus. Nach dem erneuten Glühen und dem anschließenden Eintauchen in das Ethanol (besser in den Ethanoldampf) sieht das Blech (wieder) hell (kupferfarben) aus. Beim Wiederholen werden die gleichen Beobachtungen gemacht.

b) Wortgleichung: Kupfer (s) + Sauerstoff (g) ⟶ Kupfer(II)-oxid (s)
Reaktionsgleichung: 2 Cu (s) + O_2 (g) ⟶2 CuO (s)

c) Der Farbwechsel beim Eintauchen des Blechs in Ethanol von Schwarz zu Hell („kupferfarbig") lässt die Vermutung zu, dass schwarzes Kupfer(II)-oxid mit dem Ethanol reagiert, sodass nach der Reaktion kein Kupfer(II)-oxid mehr vorhanden ist.

d) Reaktion am Blech in der Flamme (1): 2 Cu (s) + O_2 (g) ⟶2 CuO (s)
Reaktion am Blech beim Eintauchen in das Ethanol (2):
CH_3CH_2OH (l) + CuO (s) ⟶ Cu (s) + CH_3CHO (l) + H_2O (l)
Bei Reaktion (1) ist der Reaktionspartner Sauerstoff das Oxidationsmittel gegenüber Kupfer.
Bei Reaktion (2) ist der Reaktionspartner Ethanol das Reduktionsmittel gegenüber Kupfer(II)-oxid

V AUSWERTUNG

Schulbuchseite 113

V2

V3

a) Mit Propan-1-ol (a) ist sowohl bei der FEHLING-Probe als auch bei der TOLLENS-Probe keine Veränderung der jeweiligen Lösung zu beobachten.
Auch mit Propanon (b) ist sowohl bei der FEHLING-Probe als auch bei der TOLLENS-Probe keine Veränderung der jeweiligen Lösung zu beobachten.
Mit Propanal (c) ist bei der FEHLING-Probe ein roter Niederschlag zu erkennen, bei der TOLLENS-Probe zeigt sich an der Innenwand des Reagenzglases ein Silberspiegel.
Die Beobachtungen zeigen, dass bei der FEHLING- und bei der TOLLENS-Probe nur mit dem Aldehyd (Propanal (c), nicht aber mit dem Alkohol und dem Keton Veränderungen (roter Niederschlag bzw. Silberspiegel) auftreten. Danach sind diese beiden Proben geeignete Versuche, um Aldehyde nachzuweisen.

b) Wenn sich bei der TOLLENS-Probe mit einem Aldehyd ein Silberspiegel bildet, werden Silber-Ionen Ag^+ zu Silber-Atomen Ag reduziert. Da diese Reduktion eine Teilreaktion einer Redoxreaktion ist, müssen die Moleküle des Aldehyds gleichzeitig oxidiert werden.

c) Bei den jeweils ablaufenden Reaktionen in den beiden Proben handelt es sich um Redoxreaktionen. Bei der TOLLENS-Probe werden Silber-Ionen Ag^+ und bei der FEHLING-Probe Kupfer(II)-Ionen Cu^{2+} reduziert, demnach müssen die Aldehyd-Moleküle bei beiden Proben oxidiert werden.

d) Bei der FEHLING-Probe mit Vanillearoma, Apfelsaft, Zimtaroma, dem Inneren einer Vanilleschote und Glucose kann ein roter Niederschlag beobachtet werden, die Probe ist positiv. Da die FEHLING-Probe eine Nachweismethode für Aldehyde ist, müssen die Moleküle aller eingesetzten Stoffe ebenso wie die von Propanal aus **V2** ein für Aldehyde typisches Strukturmerkmal in den Molekülen haben. Dieses muss dafür verantwortlich sein, dass die Kupfer(II)-Ionen der FEHLING-I-Lösung während der Probe zu Kupfer(I)-Ionen reduziert werden.

ERARBEITUNG

A AUFGABEN

Schulbuchseite 115

A1 Reaktionsgleichung für die Umsetzung von Propan-1-ol mit Kupfer(II)-oxid zu Propanal:

$$\overset{-I}{C_2H_5CH_2OH} + \overset{+II}{CuO} \longrightarrow \overset{+I}{C_2H_5CHO} + \overset{0}{Cu} + H_2O$$

Bei der Reaktion handelt es sich um eine Redoxreaktion, bei der Kupfer(II)-Ionen aus dem Kupfer(II)-oxid zu Kupfer-Atomen reduziert, und Propanol-Moleküle zu Propanal-Molekülen oxidiert werden. Somit wirkt Kupfer(II)-oxid als Oxidationsmittel und Propan-1-ol als Reduktionsmittel.

A2

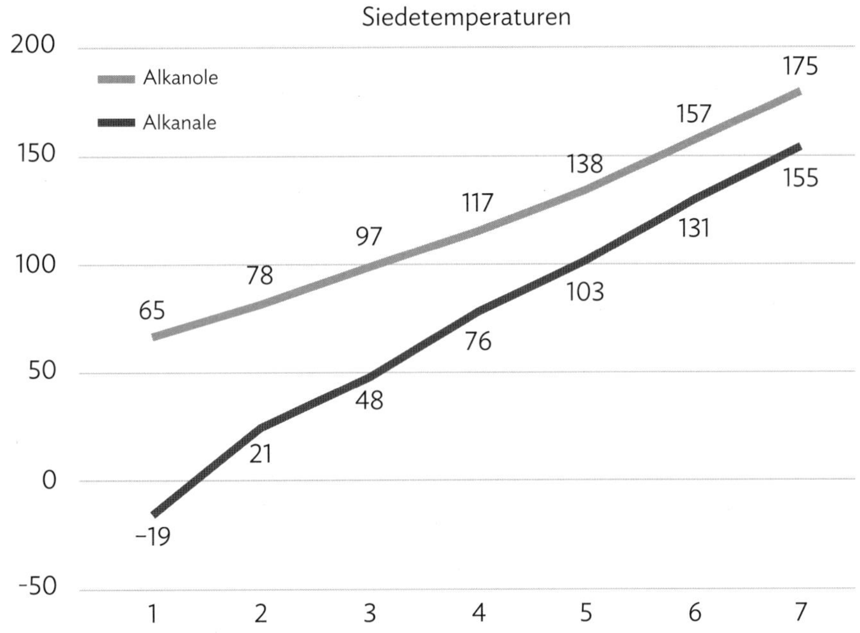

1: Methanal (dunkelgrau) bzw. Methanol (hellgrau); 2: Ethanal (dunkelgrau) bzw. Ethanol (hellgrau); 3: Propanal (dunkelgrau) bzw. Propan-1-ol (hellgrau); 4: Butanal (dunkelgrau) bzw. Butan-1-ol (hellgrau); 5: Pentanal (dunkelgrau) bzw. Pentan-1-ol (hellgrau); 6: Hexanal (dunkelgrau) bzw. Hexan-1-ol (hellgrau); 7: Heptanal (dunkelgrau) bzw. Heptan-1-ol (hellgrau)

Bei beiden homologen Reihen steigt die Siedetemperatur der Stoffe mit der Anzahl der Kohlenstoff-Atome im Molekül. Die Alkanole haben höhere Siedetemperaturen als die entsprechenden Alkanale. Aus dem Verlauf der beiden Reihen kann abgeleitet werden, dass sich die Siedetemperaturen der Alkanole bzw. Alkanale mit weiter steigender Anzahl der Kohlenstoff-Atome im Molekül einander annähern, da der Einfluss der funktionellen Gruppen abnimmt.
Hinweis: Die Siedetemperatur von Heptanol (175 °C) ist in den Tafelwerken oft nicht enthalten.

A3

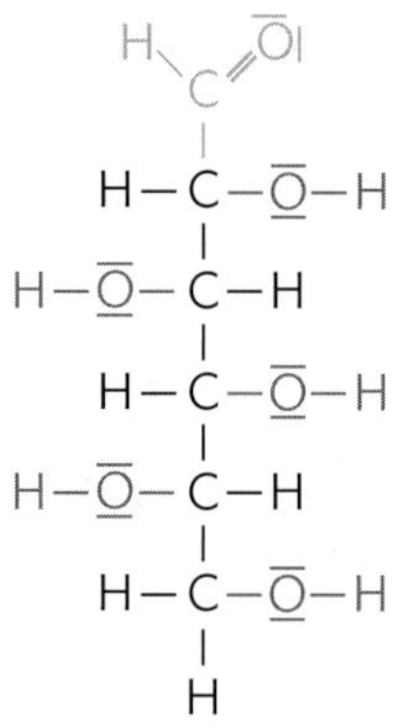

Glucose-Molekül

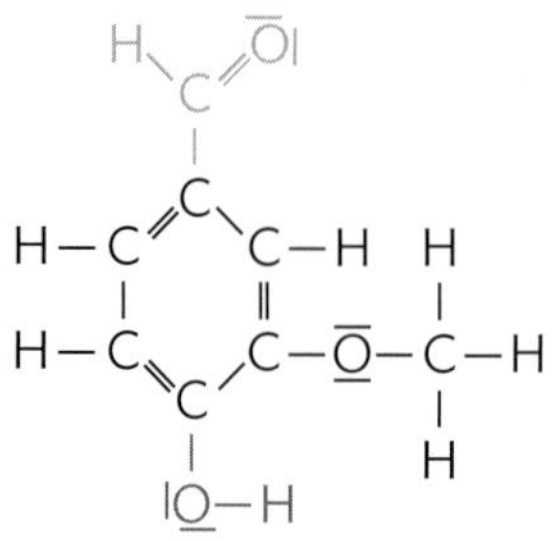

Vanillin-Molekül

Aldehyd-Gruppe
Hydroxy-Gruppe

A4

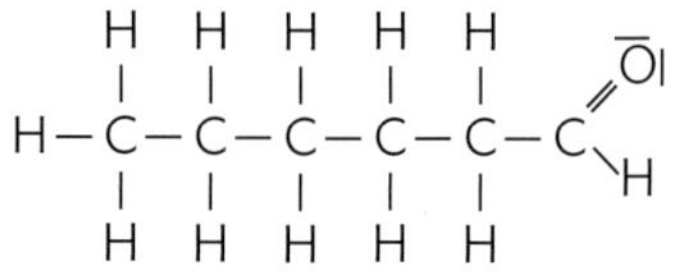

Hexanal

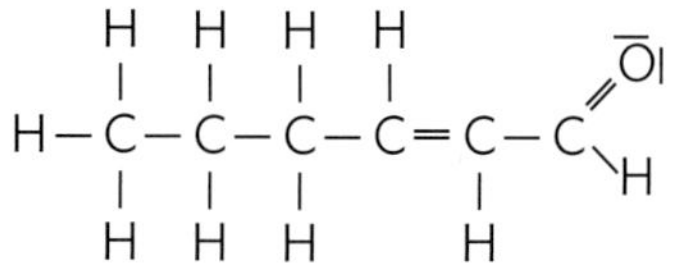

Hex-2-enal

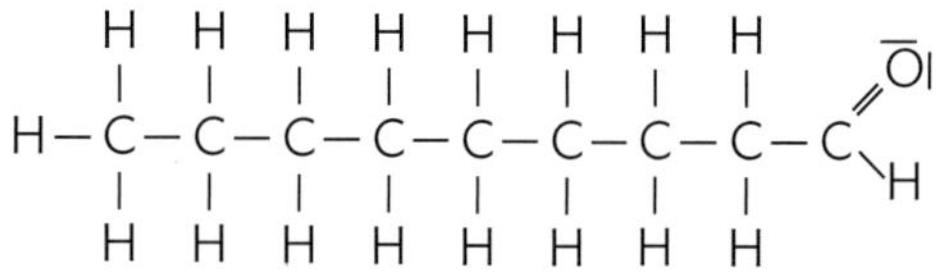

Nonanal

A5

Die Molekülstrukturen der Alkanale zeigen eine polare Bindung zwischen dem Sauerstoff-Atom und dem Kohlenstoff-Atom der Aldehyd-Gruppe (ΔEN = 1,0). Sie zeigen aber keine polarisierte Bindung zu einem Wasserstoff-Atom (Kohlenstoff-Wasserstoff-Elektronenpaarbindung: ΔEN = 0,4), die ausreichend polar wie bei den Alkanol-Molekülen (Sauerstoff-Wasserstoff-Elektronenpaarbindung: ΔEN = 1,4) wäre, um Wasserstoffbrückenbindungen einzugehen. Somit können zwischen Alkanal-Molekülen keine Wasserstoffbrückenbindungen ausgebildet werden.

Dies wird durch das Diagramm zu **A2** bestätigt, das zeigt, dass die Siedetemperaturen der Alkanale niedriger als die der entsprechenden Alkanole sind.

FACHMETHODE: Oxidationsprodukte von Alkoholen vorhersagen und ermitteln

A AUFGABE

Schulbuchseite 116

A1 a)

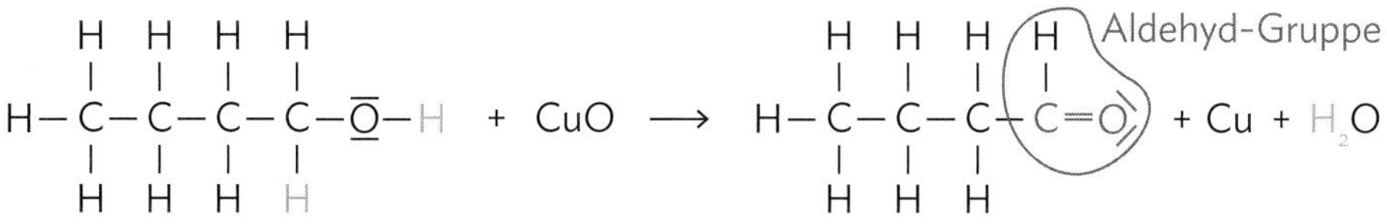

Butan-1-ol Butanal

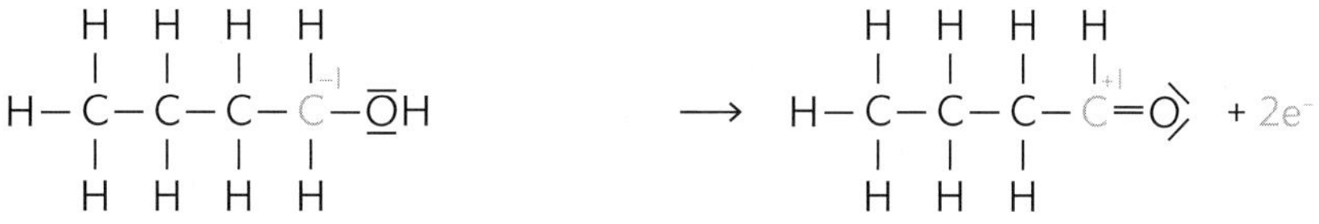

b)

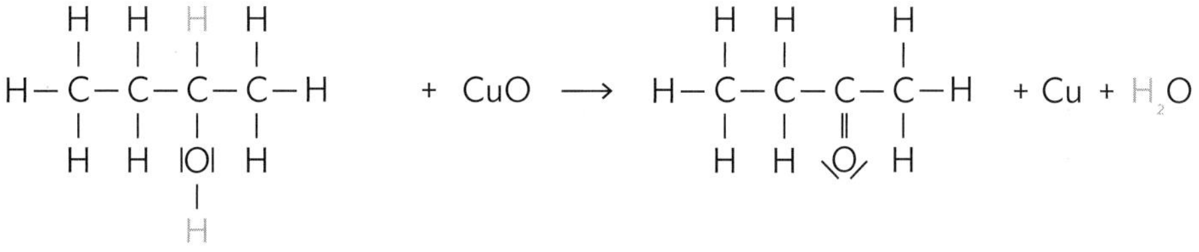

Butan-2-ol Butanon

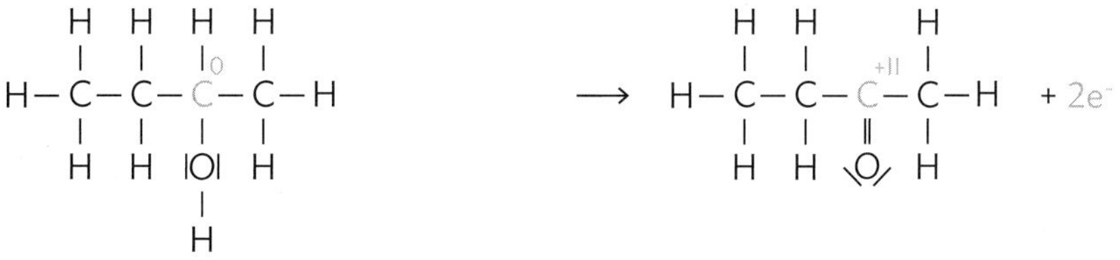

EXKURS > Formaldehyd – gesundheitsschädlich, aber vielseitig verwendbar

A AUFGABEN

Schulbuchseite 117

A1

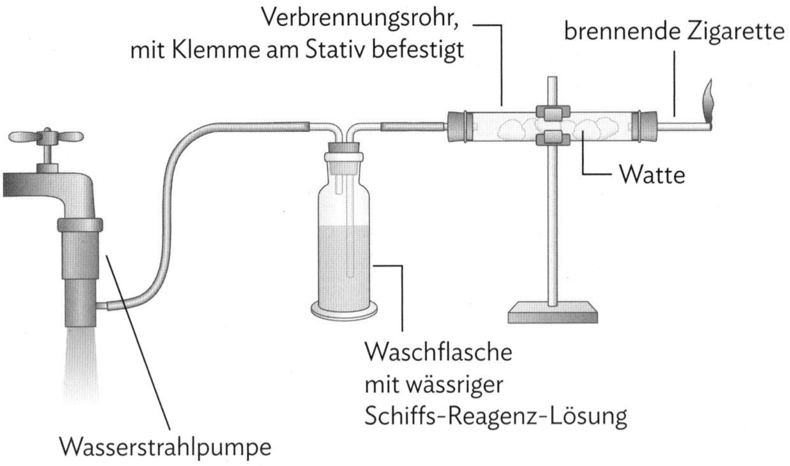

A2 Wie alle Alkanal-Moleküle haben die Methanal-Moleküle als funktionelle Gruppe die Aldehyd-Gruppe (vgl. S. 114 im Schülerbuch). Sie bestimmt hauptsächlich die Eigenschaften des Methanals. Das Methanal-Molekül hat nur ein Kohlenstoff-Atom, das Bestandteil der funktionellen Gruppe ist. Diese Carbonyl-Gruppe ist stark polar. Damit ist das Gesamtmolekül stark polar und Methanal ist somit in Wasser, dessen Moleküle ebenfalls stark polar sind, gut löslich.

A3

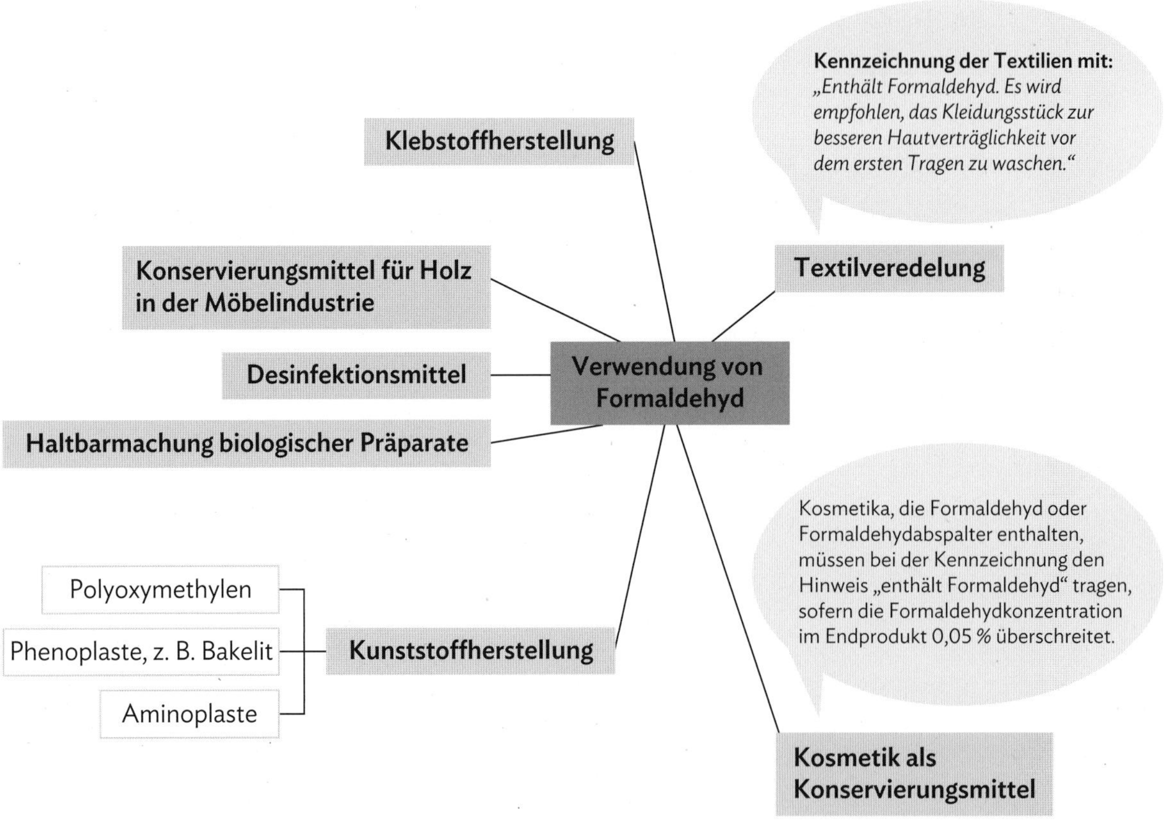

VERSUCHE UND MATERIAL

V AUSWERTUNG

Schulbuchseite 118

V1

V2

a)

Stoff	Wasser	Pentan
Ethanol	sehr gut	gut
Glycol	sehr gut	schlecht
Glycerin	sehr gut	schlecht

Alle drei untersuchten Stoffe lösen sich sehr gut in Wasser. Ethanol löst sich auch in Pentan noch recht gut, während sich Glycol und Glycerin in Pentan nur schlecht lösen.

Ethanol-Moleküle haben einen unpolaren (Kohlenstoff-Wasserstoff) Teil und einen polaren Teil (Hydroxy-Gruppe), die nahezu gleich groß sind. Daher löst sich Ethanol sowohl im polaren Lösungsmittel Wasser als auch im unpolaren Lösungsmittel Pentan.

Glycol- und Glycerin-Moleküle haben mehrere (zwei bzw. drei) Hydroxy-Gruppen, also mehrere polare Sauerstoff-Wasserstoff-Bindungen, und können daher noch besser Wasserstoffbrückenbindungen zu Wasser-Molekülen eingehen als Ethanol-Moleküle mit einer Hydroxy-Gruppe (einer polaren Sauerstoff-Wasserstoff-Bindung). Aus diesem Grund sind Glycol und Glycerin noch polarer als Ethanol und lösen sich sehr gut in Wasser (polares Lösungsmittel), aber schlechter in einem unpolaren Lösungsmittel wie Pentan.

b) Die Masse der Schale mit Ethanol ist nach dem Stehenlassen geringer geworden. Die Schale enthält kein Ethanol mehr, dieses ist verdampft (leicht flüchtiger Alkohol).

Sowohl die Masse der Schale mit Glycol als auch die Masse der Schale mit Glycerin ist nach dem Stehenlassen etwas größer geworden. Diese Massenzunahmen könnten daraus resultieren, dass Glycol und Glycerin Wasser aus der Luft aufgenommen haben. Danach wären diese beiden Stoffe hygroskopisch.

VERSUCHE UND MATERIAL

V

AUSWERTUNG

Schulbuchseite 119

V3
V4
LV5
V6

a) Die Inhalte der Gefäße b), Wasser und Glycol, und c), Wasser und Glycerin, bei **V3** sind nicht gefroren, das Wasser aus Gefäß a) ist gefroren. Danach könnte man Glycerin und Glycol als Frostschutzmittel verwenden.

b) Das Filtrat der Suspension aus Feuchtigkeitscreme und Wasser färbt sich mit Cerammoniumnitratlösung rot, damit fällt der Nachweis für Alkohole positiv aus (vgl. S. 100 im Schülerbuch) und man kann schließen, dass in der Feuchtigkeitscreme Alkohole enthalten sind. Auf dem Etikett in **B2** sind verschiedene Alkohole wie Propylene Glycol, Ceteraryl Alcohol, Alcohol denat. und Phenoxyethanol gelistet. Zudem ist Glycerin genannt, ein hygroskopischer Alkohol, der bewirkt dass die Feuchtigkeitscreme hygroskopisch ist.

c) Das Gemisch aus Kaliumpermanganat und Glycerin entzündet sich selbstständig (ohne Zufuhr von Aktivierungsenergie), weshalb man es als chemischen Zünder bezeichnen kann.

d)

Stoff	FEHLING-Probe	Cerammoniumnitratlösung
Glucose	positiv	Rotfärbung
Sorbit	negativ	Rotfärbung
Saccharin	negativ	keine Verfärbung

Mit der FEHLING-Probe werden Aldehyde nachgewiesen, die FEHLING-Probe ist positiv, wenn ein Aldehyd vorliegt, dann fällt ein roter Niederschlag aus. Bei **V6** ist ein roter Niederschlag nur bei der Glucoselösung zu beobachten. Danach enthalten lediglich Glucose-Moleküle, nicht aber Sorbit- und Saccharin-Moleküle eine Aldehyd-Gruppe.

Mit Cerammoniumnitratlösung werden Alkohole nachgewiesen, liegt ein Alkohol in der Lösung vor, färbt sich diese rot. Bei **V6** färben sich die Glucose- und die Sorbitlösung rot. Danach enthalten sowohl Glucose- als auch Sorbit-Moleküle Hydroxy-Gruppen (Glucose-Moleküle haben fünf alkoholische Hydroxy-Gruppen, Sorbit-Moleküle haben sechs Hydroxy-Gruppen (Sorbit ist ein sechs sechswertiger Alkohol). Saccharin-Moleküle enthalten keine Hydroxy-Gruppe, Saccharin ist kein Alkohol und reagiert somit nicht mit Cerammoniumnitratlösung.

e) Sorbit kann von Saccharin unterschieden werden, indem man die Stoffe mit Cerammoniumnitratlösung versetzt. Der Alkohol Sorbit bewirkt eine Verfärbung der Lösung nach Rot, mit Saccharin (kein Alkohol) verfärbt sich die Lösung nicht (vgl. Lösung zu d).

ERARBEITUNG

A AUFGABEN

Schulbuchseite 121

A1 Der IUPAC-Name von Glycerin ist Propan-1,2,3-triol.

- Propan-: Zunächst wird der Name des Alkans genannt, von dem sich der Alkohol ableitet.
- 1,2,3: Auf den Stammnamen folgt die Angabe der Stellungen der Hydroxy-Gruppen im Molekül durch Nennung der Ziffern der Kohlenstoff-Atome, an denen die Hydroxy-Gruppen sitzen.
- tri: Die Anzahl der Hydroxy-Gruppen im Molekül wird nachfolgend lateinisch angegeben.
- ol: Der Name endet mit der Silbe –ol zur Kennzeichnung, dass es sich um einen Alkohol handelt.

A2 Glycerin ist hygroskopisch. Diese wasseranziehende Wirkung von Glycerin wird in Kosmetika genutzt, damit diese auch in offenen Gefäßen nicht so schnell austrocknen. Durch den Zusatz von Glycerin in Hautcremes wird zudem gewährleistet, dass auch die Haut nicht so schnell austrocknet.
Glycerin ist mit Wasser sowie anderen Alkoholen mischbar. Diese Eigenschaft hat den Vorteil, dass Glycerin in Kosmetika auf Wasser- und auf Alkoholbasis eingesetzt werden.

A3 Die Reaktionsgleichung für die vollständige Verbrennung von Glycerin lautet:

$$2\ \overset{-I}{C}H_2OH\overset{0}{C}HOH\overset{-I}{C}H_2OH + 7\ \overset{0}{O}_2 \longrightarrow 6\ \overset{+IV}{C}\overset{-II}{O}_2 + 8\ H_2\overset{-II}{O}$$

Es liegt eine Redoxreaktion vor (vgl. Änderung der Oxidationszahlen).
Die Kohlenstoff-Atome der Glycerin-Moleküle werden durch die Sauerstoff-Atome oxidiert und Sauerstoff-Atome werden reduziert.
Damit ist Glycerin das Reduktionsmittel und Sauerstoff das Oxidationsmittel.

A4 Offene Antwort. Ein auf Recherchen basierender Bericht sollte folgende Punkte beinhalten:

- Unter dem in den Medien verbreiteten Begriff „Glycolwein-Skandal" werden Weinpanschereien (Weinverfälschungen) v. a. durch österreichische Winzer zusammengefasst, die im Jahr 1985 aufgedeckt wurden.
- Üblich, aber bei österreichischen Weinen mit dem Siegel „Qualitätswein" nicht zulässig, ist der Zusatz von Zucker während des Gärungsprozesses, um den Alkoholgehalt zu steigern.
- V. a. österreichische Winzer versetzten nun illegal Wein mit Diethylenglycol als Süßungsmittel und Geschmacksverstärker, wobei Diethylenglycol die amtlichen Zuckertests nicht beeinflusst.
- In Deutschland wurden hiesige Weine mit österreichischem Glycolwein gepanscht.
- Diethylenglycol ist gesundheitsgefährdend, aber wesentlich ungiftiger als das in Frostschutzmitteln hauptsächlich verwendete Ethylenglycol, sodass es im Zuge der Panschereien nicht zu unmittelbaren Vergiftungen kam.
- Durch die Aufdeckung der widerrechtlichen Weinverfälschungen wurden mehrere Millionen Wein beschlagnahmt und der Weinexport aus Österreich brach zusammen. Viele Winzer mussten aufgrund des nun negativen Images aufgeben.

A5 Offene Antwort. Eine Liste mit Fragen zur Verwendung von Zuckeraustauschstoffen (ZAS) und Süßstoffen (SSt) könnte u. a. folgende Punkte beinhalten:

- Wodurch unterscheiden sich ZAS und SSt?
- Sind ZAS und SSt süßer als Zucker oder genauso süß?
- Welche Wirkung haben ZAS und SSt auf den menschlichen Körper? Sind sie „schädlich“?
- Wie viel ZAS und SSt verträgt der Mensch?
- Machen ZAS und SSt dick?
- Haben ZAS und SSt wirklich keine Kalorien?
- Sind ZAS und SSt nur für Diabetiker geeignet?
- Sind ZAS und SSt ähnlich aufgebaut wie Haushaltszucker?
- Wo und von wem wurden ZAS und SSt entdeckt?
- Seit wann werden ZAS und SSt verwendet?
- Sind ZAS und SSt teurer oder billiger als Zucker?
- Wie viel ZAS und SSt werden jährlich im Vergleich zu Zucker produziert und verzehrt?
- Sind ZAS und SSt auch für Tiere geeignet?

ZUM ÜBEN UND WEITERDENKEN

A Aufgaben

Schulbuchseite 122, 123

A1 In der folgenden Tabelle sind Beispiele angegeben.

Name des Medikamentes/ Reinigungsmittels	Name des Alkohols	Alkoholgehalt in %	genutzte Eigenschaft des Alkohols
Klosterfrau Melissengeist	Ethanol	80,0 Vol. %	Lösungsmittel
Pertussin-Hustensaft	Ethanol	6,8 Vol. %	Lösungsmittel
Nivea – erfrischendes Gesichtswasser	Ethanol und Glycerin	keine Angabe	Lösungsmittel, Fettlöser, Feuchtigkeitsspender
Haarwasser	Isopropanol (Propan-2-ol)	ca. 45 %	Lösungsmittel

A2 Bei der Reaktion eines Alkanols mit Natrium bilden sich das entsprechende Natriumalkanolat und Wasserstoff. Dabei reagieren Natrium-Atome mit den Wasserstoff-Atomen der polaren Hydroxy-Gruppen der Alkanol-Moleküle.
Mit zunehmender Kettenlänge der unpolaren Alkyl-Gruppe eines Alkanol-Moleküls nimmt deren Einfluss auf die Eigenschaften des entsprechenden Alkanols zu, der Einfluss der polaren funktionellen Gruppe der Alkanol-Moleküle, der Hydroxy-Gruppe, auf die Eigenschaften des Alkanols nimmt im Gegenzug ab, so auch die Reaktivität gegenüber Natrium.

A3 **a)** Das organische Produkt der Reaktion von Propan-1-ol mit Natrium ist Natriumpropanolat.

b) und **c)** (Oxidationszahlen in Hellgrau):

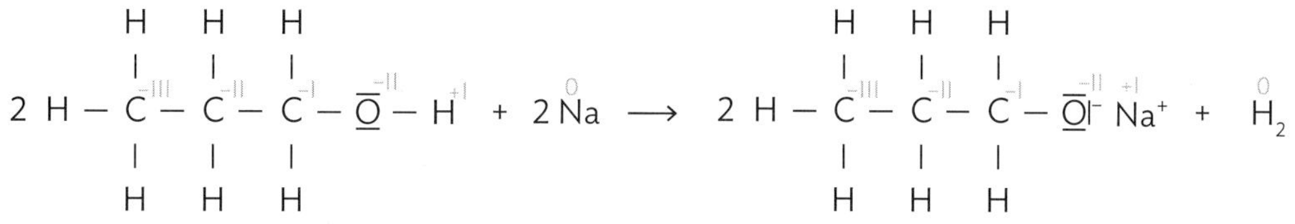

d) Oxidation: $2\ Na \longrightarrow 2\ Na^+ + 2\ e^-$
Reduktion: $2\ CH_3CH_2CH_2OH + 2\ e^- \longrightarrow H_2$

ZUM ÜBEN UND WEITERDENKEN

A4 **a)** und **b)**

Halbstrukturformel eines primären Alkohols mit der Summenformel C_4H_9OH:
CH_3-CH_2-CH_2-OH
Name des Alkohols: Butan-1-ol

Halbstrukturformel eines sekundären Alkohols mit der Summenformel C_4H_9OH:
CH_3-CH_2-CHOH-CH_3
Name des Alkohols: Butan-2-ol

Halbstrukturformel eines tertiären Alkohols mit der Summenformel C_4H_9OH:
CH_3-CCH_3OH-CH_3
Name des Alkohols: 2-Methylpropan-2-ol

c) Die Siedetemperaturen der drei Alkohole aus a) nehmen in folgender Reihenfolge zu:
2-Methylpropan-2-ol (tertiärer Alkohol) < Butan-2-ol (sekundärer Alkohol) < Butan-1-ol (primärer Alkohol)
Primäre (unverzweigte) Alkohole haben die höchsten Siedetemperaturen. In ihren Molekülen ist die Alkyl-Gruppe gestreckt und nimmt die größte Oberfläche ein, sodass sich zwischen diesen Alkyl-Gruppen am besten Van-der-Waals-Kräfte auszubilden können. Für eine Trennung der Moleküle beim Sieden ist daher mehr Energie notwendig und die entsprechenden Stoffe haben somit die höheren Siedetemperaturen.

A5 **a)** und **b)**

LEWIS-Strukturformeln für die Moleküle mit der Summenformel C_2H_6O sowie die Namen der entsprechenden Verbindungen:

1. Ethanol

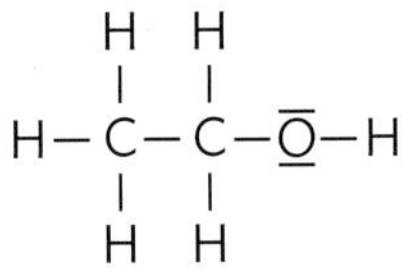

2. Dimethylether

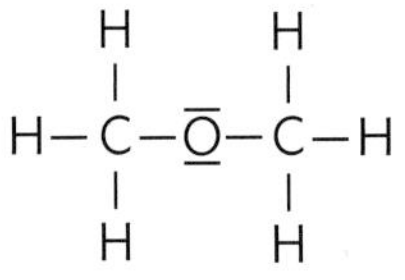

A6

a) LEWIS-Strukturformel eines Aldehyds mit der Summenformel C_3H_6O:

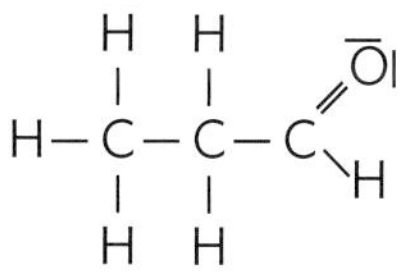

LEWIS-Strukturformel eines Ketons mit der Summenformel C_3H_6O:

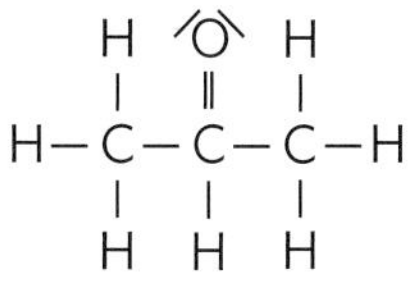

b) Der Name des Aldehyds mit der Summenformel C_3H_6O ist Propanal, der Name des Ketons mit der Summenformel C_3H_6O ist Propanon.

c) Bei der Oxidation von Propan-1-ol CH_3-CH_2-CH_2OH entsteht Propanal CH_3-CH_2-CHO und bei der Oxidation von Propan-2-ol CH_3-CHOH-CH_3 entsteht Propanon CH_3-CO-CH_3.

A7

Ein tertiärer Alkohol, hier gewähltes Beispiel 2-Methylpropan-2-ol, lässt sich weder zum Aldehyd noch zum Keton oxidieren Im Molekül des tertiären Alkohols ist die Hydroxy-Gruppe an ein Kohlenstoff-Atom gebunden, an das drei Kohlenstoff-Atome (hier der Methyl-Gruppen) gebunden sind. Somit kann kein Wasserstoff-Teilchen abgespalten werden und auch keine Doppelbindung zu einem Sauerstoff-Atom ausgebildet werden, da das zentrale Kohlenstoff-Atom sonst fünfbindig wäre.

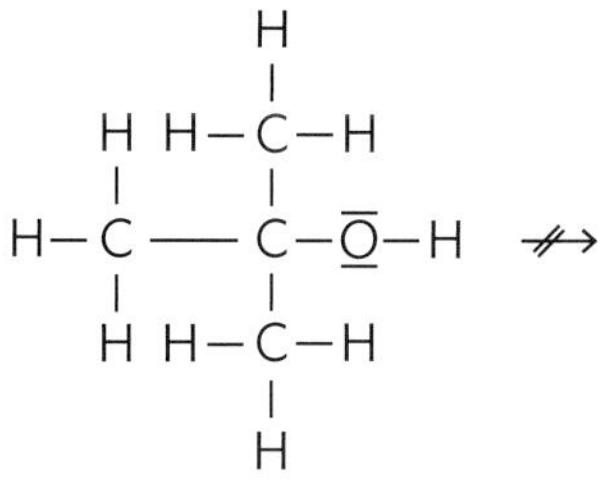

ZUM ÜBEN UND WEITERDENKEN

A8 Obwohl die molaren Massen von Propan, Ethanal und Ethanol bzw. die entsprechenden Molekülmassen gleich bzw. ähnlich sind und auch die Größe (Berührungsfläche) der Moleküle nahezu gleich ist, unterscheiden sich die Siedetemperaturen der Verbindungen stark. Grund dafür sind die verschiedenen Anziehungskräfte, die zwischen den jeweiligen Molekülen wirken. Die Van-der-Waals-Kräfte zwischen den Molekülen der einzelnen Stoffe sind annähernd gleich. Zwischen den unpolaren Propan-Molekülen wirken lediglich diese schwachen Van-der-Waals-Kräfte, sodass Propan die niedrigste Siedetemperatur hat (der benötigte Energieaufwand zur Trennung der Moleküle ist gering).
Sowohl Ethanol-Moleküle als auch Ethanal-Moleküle haben dagegen funktionelle Gruppen, die polar sind, sodass zwischen den Molekülen der entsprechenden Verbindungen weitere Anziehungskräfte auftreten. Zwischen den Hydroxy-Gruppen der Ethanol-Moleküle können sich starke Wasserstoffbrückenbindungen ausbilden, sodass beim Sieden von Ethanol zur Überwindung der molekularen Anziehungskräfte viel Energie aufgewendet werden muss. Ethanol hat die höchste Siedetemperatur. Zwischen den Ethanal-Molekülen mit der polaren Carbonyl-Gruppe als funktioneller Gruppe wirken hingegen nur etwas schwächere Dipol-Dipol-Wechselwirkungen, sodass zum Sieden von Ethanal die zur Trennung der Moleküle benötigte Energie geringer ist. Ethanal hat die mittlere Siedetemparatur.

A9 Glycol wird Wein zugesetzt, um diesem mehr Süße und eine höhere Viskosität zu verleihen (a). Glycerin wird in Hautcremes verwendet, damit diese feuchtigkeitspendend wirken, die Elastizität der Haut erhöhen und hautfreundlich sind (b).

A10

a) Strukturelle Gemeinsamkeiten zwischen Glucose- und Sorbit-Molekülen: gleiche Anzahl von Kohlenstoff- und Sauerstoff-Atomen; gleiche Stellung der Hydroxy-Gruppen an den Kohlenstoff-Atomen C2 bis C6
Strukturelle Unterschiede zwischen Glucose- und Sorbit-Molekülen: funktionelle Gruppe am Kohlenstoff-Atom C1 (Glucose-Molekül: Aldehyd-Gruppe; Sorbit-Molekül: Hydroxy-Gruppe); unterschiedliche Anzahl an Wasserstoff-Atomen

b) Die beiden Verbindungen können mit der FEHLING-Probe experimentell voneinander unterschieden werden. Glucose ist ein Aldehyd, sodass sich bei der FEHLING-Probe unter Erwärmen ein ziegelroter Niederschlag bildet (FEHLING-Probe auf Aldehyde fällt positiv aus). Grund dafür ist, dass die Glucose-Moleküle über eine Aldehyd-Gruppe mit reduzierenden Eigenschaften verfügen. Mit dem sechswertigen Alkohol Sorbit fällt die FEHLING-Probe negativ aus (Sorbit ist kein Aldehyd), Sorbit-Moleküle haben keine Aldehyd-Gruppe mit reduzierenden Eigenschaften.

A11

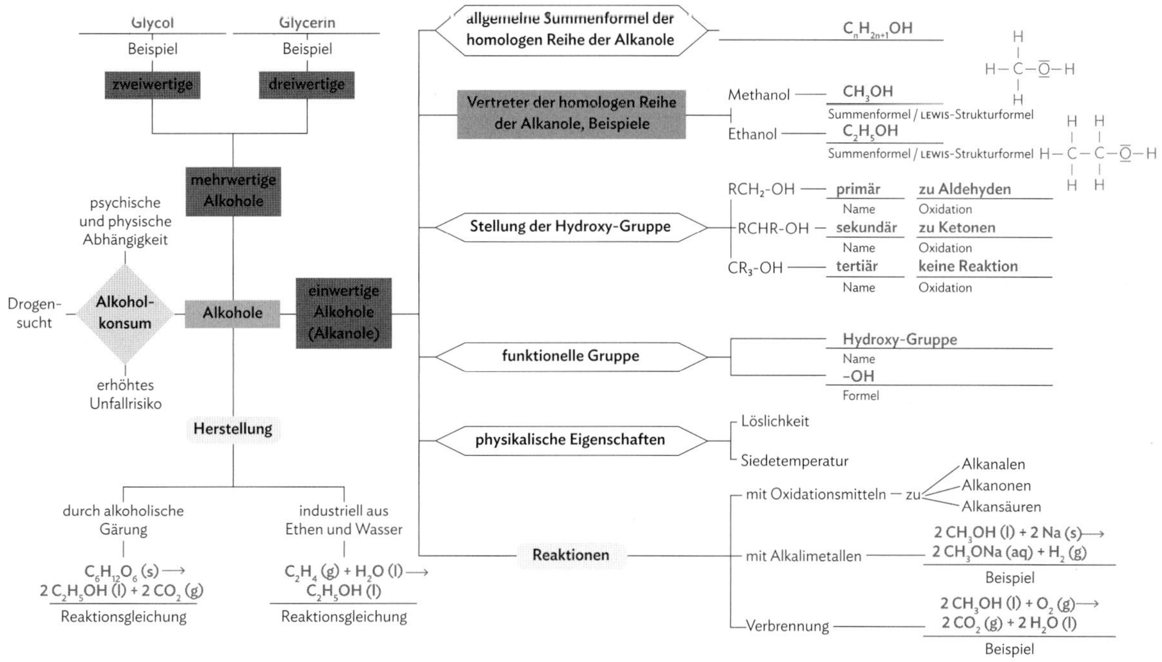

A12

a) Die Angabe unter 1. ist fachsprachlich wie folgt exakter:
„Organische Verbindungen mit einer oder mehreren *Hydroxy*-Gruppen *in den Molekülen*"
Begründung: Nach den IUPAC-Nomenklaturregeln wird das l im Namen der funktionellen Gruppe weggelassen (Hydroxy-Gruppe). Die Definition über die funktionelle Gruppe bezieht sich auf die Teilchenebene, daher sollte dies auch durch den Zusatz *in den Molekülen* deutlich gemacht werden.
Die Angaben unter 2. beziehen sich weniger auf den chemischen Begriff „Alkohol", sondern vielmehr auf die üblichen Verwendungen von „Alkohol" im Alltag, bei a. eher auf den technisch-medizinischen Bereich, bei b. eher auf Trinkalkohol.
Zu a.: Ethanol und Spiritus werden hier fälschlicherweise als Synonyme verwendet. Ethanol ist ein Reinstoff mit der Summenformel C_2H_5OH, Spiritus dagegen ein Gemisch, das zwar hauptsächlich aus Ethanol besteht, aber Zusätze enthält, die Spiritus unverträglich machen.
Zu b.: Die Schreibweise Äthanol ist veraltet, die richtige ist *E*thanol.

b) Als umgangssprachliche Synonyme für „Alkohol" sind z. B. Fusel, Weingeist, Branntwein, Alk und Sprit in Gebrauch. Fachsprachlich wird „Alkohol" oft u. a. für Ethanol, Ethylalkohol und Trinkalkohol verwendet.

ZUM ÜBEN UND WEITERDENKEN

M1 Isomere Alkohole – Struktur, Nomenklatur und Eigenschaften Schulbuchseite 124

A1 Die Moleküle isomerer Verbindungen haben dieselbe Summenformel, aber eine unterschiedliche Struktur oder räumliche Anordnung der Atome. Dies wird durch die IUPAC-Namen der Verbindungen wiedergegeben. Isomere Verbindungen haben unterschiedliche Eigenschaften, z. B. Siedetemperaturen.
Bei den Molekülen der Strukturisomere eines Alkanols ist sowohl eine unterschiedliche Stellung der Alkyl-Gruppen als auch der Hydroxy-Gruppe möglich. So sind in **B1** auf Seite 124 im Schülerbuch die Halbstrukturformeln dreier Strukturisomere des Pentanols abgebildet. Bei den Molekülen von 2-Methylbutan-1-ol und 2-Methylbutan-2-ol ist die Stellung der Hydroxy-Gruppe unterschiedlich, einmal ist diese an das Kohlenstoff C1 gebunden, einmal an das Kohlenstoff-Atom C2. Die Moleküle von 3-Methylbutan-2-ol unterscheiden sich von denen des 2-Methylbutan-1-ols durch die Stellung der Methyl-Gruppe, von denen des 2-Methylbutan-2-ols durch die Stellung der Hydroxy-Gruppe.

A2 Die Halbstrukturformeln der in **B1** auf Seite 124 im Schülerbuch nicht abgebildeten Strukturisomere des Pentanols sind:

a)
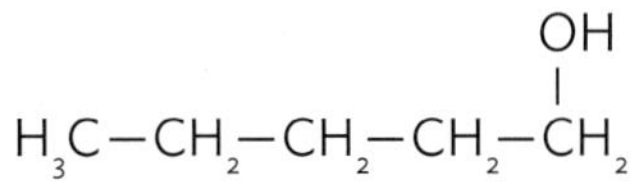

b)
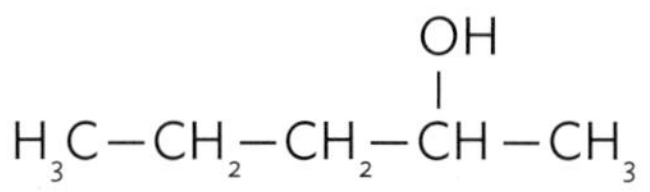

c)
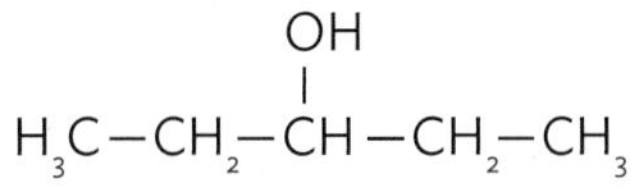

d)
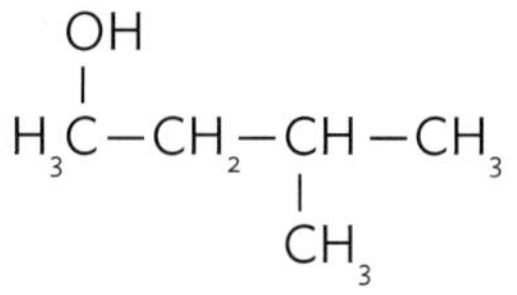

e)
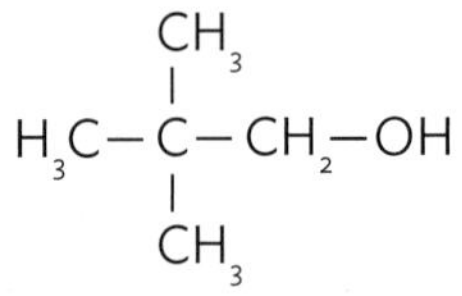

A3
1. Der Stammname des Alkanols leitet sich von der längsten Kohlenwasserstoff-Kette im Molekül ab, an die die Hydroxy-Gruppe gebunden ist.
2. Der Stammname entspricht dem des zugrundeliegenden Alkans mit der Endung –ol.
3. Kohlenwasserstoff-Kette des Alkanol-Moleküls wird so durchnummeriert, dass das Kohlenstoff-Atom, das die Hydroxy-Gruppe trägt, eine möglichst kleine Ziffer erhält.
4. Die Position der Hydroxy-Gruppe wird vor der Endung –ol mit einer Zahl angegeben.
5. Die Positionen der Alkyl-Guppen werden entsprechend der Nomenklaturregeln für Kohlenwasserstoffe angegeben, wobei die Nummerierung nicht geändert wird, da die Hydroxy-Gruppe höhere Priorität hat.

A4 Die Namen der Strukturisomere des Pentanols aus **A2** sind:
(a) Pentan-1-ol; (b) Pentan-2-ol; (c) Pentan-3-ol; (d) 3-Methylbutan-1-ol; (e) 2,2-Dimethylpropan-1-ol

A5 Die Siedetemperatur eines Stoffes wird von der Stärke der zwischenmolekularen Kräfte zwischen den Molekülen beeinflusst. Je größer diese sind, desto höher ist die Siedetemperatur (mehr Energie zur Trennung der Moleküle notwendig), je geringer, desto niedriger ist die Siedetemperatur (weniger Energie zur Trennung der Moleküle notwendig) einer Verbindung.
Die Stärke der zwischenmolekularen Wechselwirkungen ist also beim 2-Methylbutan-1-ol am größten und beim 2-Methylbutan-2-ol am kleinsten.
Der Grad der Verzweigung ist im 2-Methylbutan-2-ol größer und damit die Moleküloberfläche kleiner als im 2-Methylbutan-1-ol. Somit wirken zwischen den 2-Methylbutan-2-ol-Molekülen schwächere Van-der-Waals-Kräfte und die Siedetemperatur der Verbindung ist niedriger.
Die Wasserstoffbrückenbindungen zwischen Hydroxy-Gruppen der Alkanol-Moleküle können sich je nach Geometrie des Moleküls unterschiedlich stark ausbilden und haben daher auch einen unterschiedlichen Einfluss auf die Siedetemperatur der Verbindungen. Zwischen endständigen Hydroxy-Gruppen wie bei den 2-Methylbutan-1-ol-Molekülen können sich Wasserstoffbrückenbindungen am besten ausbilden und haben somit den stärksten Einfluss auf die Siedetemperatur einer Verbindung.

M2 Alkanole als Lösungsmittel für Salze

Schulbuchseite 124

A1 Sowohl ein Methanol- als auch ein Hexan-1-ol-Molekül setzen sich aus einer unpolaren Alkyl-Gruppe und einer polaren Hydroxy-Gruppe zusammen. Die beiden Moleküle unterscheiden sich in der Länge der Alkyl-Gruppe. Daher ist der Einfluss der polaren Hydroxy-Gruppe auf die Polarität des Gesamtmoleküls bei einem Methanol-Molekül größer als bei einem Hexan-1-ol-Molekül. Ein Methanol-Molekül ist im Vergleich zu einem Hexan-1-ol-Molekül wesentlich polarer.

A2 Kupfer(II)-chlorid ist eine Verbindung, die aus Ionen besteht und somit polar ist. Beim Lösen von Stoffen ineinander gilt die Regel: „Ähnliches wird von Ähnlichem gelöst". Die Löslichkeit der Ionenverbindung Kupfer(II)-chlorid ist in Hexan-1-ol wesentlich schlechter, da die Polarität dieses Alkanols wesentlich geringer ist als die des Methanols.

A3 Die Aussage „Salze lösen sich nicht in organischen Lösungsmitteln" muss relativiert werden. Sie ist richtig in Bezug auf unpolare organische Lösungsmittel wie z. B. Alkane. In organischen Lösungsmitteln, die polar sind, sind Salze (Ionenverbindungen) dagegen löslich, z. B. in bestimmten Alkanolen. Alkanol-Moleküle haben sowohl eine unpolare Alkyl-Gruppe als auch eine polare Hydroxy-Gruppe, sodass Alkanol-Moleküle prinzipiell polare Eigenschaften haben. Je kleiner die Alkyl-Gruppe ist, desto stärker ist der Einfluss der Hydroxy-Gruppe, desto höher ist die Polarität des Alkanol-Moleküls und desto polarer ist der Alkanol (in dem Salze entsprechend besser löslich sind).

ZUM ÜBEN UND WEITERDENKEN

M3 Ethanol als Extraktionsmittel

Schulbuchseite 125

A1 frische Blätter von Grünpflanzen (z. B. Brennnesseln oder Spinat)

↓

zerkleinern

↓

fein zermahlen

↓

geeignetes Lösungsmittel zu diesem Blattbrei geben:
Chlorophyll löst sich, die anderen Blattbestandteile nicht

↓

filtrieren: die unlöslichen Blattbestandteile werden abgetrennt

↓

reinigen des Chlorophyllextrakts

↓

entfernen des Lösungsmittels durch Destillation
bei niedrigenTemperaturen im Vakuum

A2 In Wasser (**B4** links) ist der grüne Farbstoff Chlorophyll unlöslich, die Lösung zeigt keine grüne Färbung. In Hexan (**B4** rechts) ist Chlorophyll wenig löslich, die Lösung ist ganz leicht grün gefärbt. In Ethanol (**B4** Mitte) ist Chlorophyll gut löslich, die Lösung ist intensiv grün.

A3 Ein Chlorophyll-Molekül enthält unpolare und polare Strukturabschnitte. Neben verschiedenen kürzeren Alkyl-Gruppen im „Kopf"-Bereich des Moleküls (**B5** oben) gehört v. a. die lange Alkyl-Gruppe („Schwanz"; unterer Molekülteil in **B5**) zu den unpolaren Molekülabschnitten. Insbesondere im Molekül-„Kopf" gibt es viele polare Bereiche, da sich dort zahlreiche funktionelle Gruppen mit Sauerstoff-Atomen (Carbonyl-, Aldehyd-, Ester-Gruppen) befinden. Insgesamt kann man sagen, dass sich ein Chlorophyll-Molekül aus einem polaren „Kopf" und einem unpolaren „Schwanz" zusammensetzt.

A4 Chlorophyll ist in Wasser und Hexan nahezu unlöslich, da die jeweiligen Lösungsmittel-Moleküle nur zu jeweils einem Teil des Chlorophyll-Moleküls zwischenmolekulare Wechselwirkungen ausbilden können: die polaren Wasser-Moleküle nur zu dem polaren Chlorophyll-Molekülkopf, die unpolaren Hexan-Moleküle nur zu dem unpolaren Chlorophyll-Molekülschwanz. Es wird also jeweils nicht das ganze Chlorophyll-Molekül von Lösungsmittel-Molekülen umgeben bzw. solvatisiert. Ethanol-Moleküle können dagegen mit beiden Chlorophyll-Molekülbereichen in Wechselwirkung treten, mit den polaren Molekülbereichen bilden sie Wasserstoffbrückenbindungen und mit den unpolaren Molekülbereichen Van-der-Waals-Kräfte aus. Dadurch wird das gesamte Chlorophyll-Molekül durch Ethanol-Moleküle solvatisiert und folglich ist Chlorophyll sehr gut in Ethanol löslich.

VERSUCHE UND MATERIAL

V AUSWERTUNG

Schulbuchseite 134

V1

V2

a) Offene Antwort in tabellarischer Form. In Abhängigkeit von den gewählten Obst- und Gemüsesorten sind unterschiedliche Beobachtungen zu erwarten. Bei vielen Obst- und Gemüsesorten wird in der eingelegten Variante ein deutlich saurerer Geschmack als bei den jeweiligen frischen Lebensmitteln festzustellen sein. Entsprechend fällt der *p*H-Wert (Universalindikatorpapier) bei den eingelegten Varianten meist niedriger aus.

b) Offene Antwort. Die Ordnung variiert in Abhängigkeit von den gewählten Lebensmitteln. Zitrusfrüchte, Johannisbeeren und Rhabarber haben z. B. einen niedrigen *p*H-Wert (saure Reaktion), der *p*H-Wert von Äpfeln ist dagegen etwas höher (abhängig von der Apfelsorte) und Tomaten sowie Gurken haben einen *p*H-Wert im neutralen oder leicht alkalischen Bereich.

c) Auf den Zutatenlisten vieler konservierter (eingelegter) Lebensmittel sind verschiedene „Antioxidationsmittel" und „Säuerungsmittel" (z. B. Citronensäure, Essig bzw. Essigsäure) angegeben.

d) Die Apfelviertel, die mit Essig bzw. Citronensäurelösung beträufelt werden, bleiben länger „weiss", während die unbehandelten Viertel sich rasch braun verfärben.
Das „Braunwerden" der Schnittflächen ist ein Zeichen für die Reaktion bestimmter Apfelinhaltsstoffe an der Luft, also mit Sauerstoff: Inhaltstoffe des Apfels werden oxidiert.
Essig und Citronensäurelösung wirken nun dem „Braunwerden" entgegen, sie verhindern, dass die Inhaltsstoffe des Apfels an den frischen Schnittflächen durch den Luftsauerstoff oxidiert werden. Essig und Citronensäurelösung sind Beispiele für Antioxidationsmittel.

VERSUCHE UND MATERIAL

V AUSWERTUNG

Schulbuchseite 135

V3

LV4

a) Beobachtungen bei **V3**:

Stoff	pH-Wert	Geruch
Ethanol	7	Geruch nach Alkohol, Desinfektionsmittel
Speiseessig	4	leicht saurer und stechender Geruch
verd. Essigsäure	4	stechender Geruch

Die Beobachtungen bei **LV4** hängen vom verwendeten Wein ab, angegeben sind Richtwerte.

Zu Beginn:

Probe in	pH-Wert	Geruch
Becherglas a	5	leichter Geruch nach Wein
Becherglas b	5	Geruch nach Wein und Kork
Becherglas c	5	leichter Geruch nach Wein
Schraubdeckelglas d	5	leichter Geruch nach Wein

Nach einigen Tagen:

Probe in	pH-Wert	Geruch
Becherglas a	4	leicht saurer, stechender Geruch
Becherglas b	3 bis 4	stechender Geruch
Becherglas c	4	leicht saurer, stechender Geruch
Schraubdeckelglas d	4 bis 5	leichter Geruch nach Wein

Hinweis: Da einige Weinsorten einen *p*H-Wert < 5 haben, muss darauf geachtet werden, einen Wein einzusetzen, der wenig Säure enthält.

b) Bei Speiseessig ist ein deutlicher Geruch nach Essigsäure wahrzunehmen. Außerdem hat Speiseessig einen niedrigen *p*H-Wert (reagiert sauer: Hinweis auf eine Säure). Der Geruch von Speiseessig ist allerdings nicht so intensiv und der *p*H-Wert nicht so niedrig wie der reiner Essigsäure. Dies lässt auf das Vorhandensein von Essigsäure in geringerer Konzentration schließen.

c) Bei **LV4** ändern sich sowohl der Geruch als auch der *p*H-Wert der Lösungen in den drei Bechergläsern, die nicht luftdicht verschlossen sind (a bis c). Der Geruch wird jeweils saurer und stechender, der *p*H-Wert sinkt. Beide Änderungen sind Hinweise auf die Bildung von Essig und fallen bei der Lösung in Becherglas c (mit Kork) am stärksten aus. Daraus ist zu schließen, dass sowohl das Vorhandensein von Sauerstoff als auch die Gegenwart von „Verunreinigungen“ bzw. Mikroorganismen (die hier dem Kork anhaften) die Bildung von Essig begünstigen.

VERSUCHE UND MATERIAL

V AUSWERTUNG

Schulbuchseite 135

V5

LV6

a) Die Oxidationszahl aller Wasserstoff-Atome im Propanal-Molekül ist +I, die Oxidationszahl des Sauerstoff-Atoms ist –II und die Oxidationszahlen der drei Kohlenstoff-Atome lauten (von links nach rechts) –III, –II, +I.

$\overset{-III+I}{CH_3}\overset{-II+I}{CH_2}\overset{+I+I-II}{CHO}$ Propanal-Molekül, Halbstrukturformel

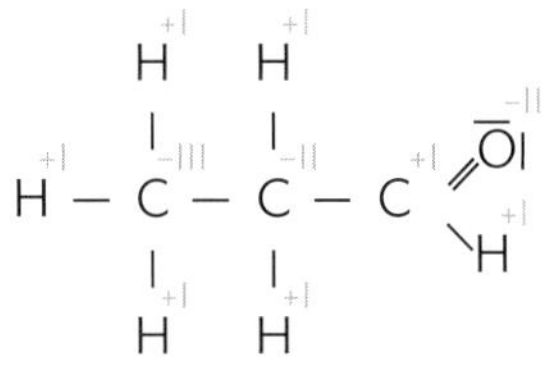

Propanal-Molekül, LEWIS-Strukturformel

b) Teilgleichung für die Reduktion von Kupfer(II)-Ionen Cu^{2+} zu Kupfer(I)-Ionen Cu^{+} in Kupfer(I)-oxid:

$$2\,\overset{+II}{Cu^{2+}} + 2\,e^- + 2\,OH^- \longrightarrow \overset{+I}{Cu_2}\overset{-II}{O} + H_2O$$

Teilgleichung für die Oxidation von Propanal zu Propansäure:

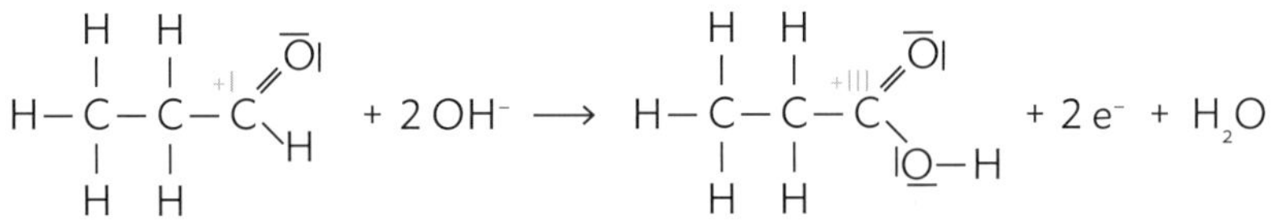

c) Mit Propanon (Aceton) bildet sich bei der FEHLING-Probe kein roter Niederschlag. Damit ist Propanon (Aceton) kein Aldehyd. Das Propanon-Molekül (Aceton-Molekül) muss somit einen anderen Molekülaufbau als das Propanal-Molekül haben, d. h. das Propanon-Molekül (Aceton-Molekül) muss eine funktionelle Gruppe haben, die die Reaktion mit FEHLING-Reagenz nicht ermöglicht.

d) Teilgleichung für die Reduktion von Permanganat-Ionen MnO_4^- zu Mangan(II)-Ionen Mn^{2+}:
$MnO_4^- + 8\,H^+ + 5\,e^- \longrightarrow Mn^{2+} + 4\,H_2O$
Teilgleichung für die Oxidation von Propan-1-ol zu Propansäure:
$CH_3CH_2CH_2OH + O^{2-} \longrightarrow CH_3CH_2COOH + 2\,H^+ + 4\,e^-$

ERARBEITUNG

A AUFGABEN

Schulbuchseite 137

A1 Bei dem Submersverfahren zur Essigherstellung schwimmen die Essigsäurebakterien in der ethanolhaltigen Maische, die sich in großen Bottichen befindet. Eine wichtige Reaktionsbedingung für die Bildung der Essigsäure ist die ständige gute Durchlüftung der Lösung, damit der für die Oxidation des Ethanols benötigte Sauerstoff gut verteilt ist, d. h., die Bakterien mit diesem gut in Kontakt kommen. Zudem sollte auf eine Temperatur von 20 bis 35 °C und eine 6 bis 14 %-ige Ethanollösung geachtet werden, damit die Bakterien optimal arbeiten können. Bei **LV4** ist die Temperatur bei allen Ansätzen günstig, für eine ausreichende Sauerstoffversorgung ist bei den drei Bechergläsern ohne Schraubverschluss gesorgt: Sauerstoff kann durch die luftdurchlässigen, grobmaschigen Netze stets eindringen. Durch den Zusatz von Kork in Becherglas b wird zudem die Konzentration an Bakterien erhöht.

A2 Vergleiche Lösung zu **A1**.
Hinweis: In der 2. Auflage, 1. Druck 2018 ist diese A2 gestrichen, die folgenden Aufgaben sind dort entsprechend mit A2, A3 und A4 gekennzeichnet.

A3 Im Gegensatz zur industriellen Essigherstellung ist das Sauerwerden von Wein unerwünscht. Letzteres geschieht zufällig und ungewollt, wenn Wein zu lange offen steht und dadurch mit Sauerstoff und natürlicherweise allgegenwärtigen Bakterien in Kontakt kommt.
Bei der gezielten Essigherstellung wird das „Sauerwerden“ dahingegen durch Einhalten optimaler Reaktionsbedingungen herbeigeführt und gefördert.

A4 Die Konzentration an Essigsäure, die sich in **LV4** gebildet hat, kann durch eine Neutralisationstitration ermittelt werden, bei der man die in den Lösungen enthaltene Essigsäure mit Natronlauge neutralisiert. Dabei entsteht das Natriumsalz der Essigsäure (Natriumacetat CH_3COONa) gemäß folgender Reaktionsgleichung:
$CH_3COOH + NaOH \longrightarrow CH_3COONa + H_2O$

Geräte: Bürette, Stativmaterial, Vollpipette (50 mL), 250-mL-Weithals-Erlenmeyerkolben
Chemikalien: Natronlauge $c(NaOH) = 0{,}1\ mol/L$, Phenolphthaleinlösung, Essigsäurelösung aus **LV4**

Durchführung:
- 50 mL Essigsäurelösung (ein Ansatz aus **LV4**) wird in einen Erlenmeyerkolben gegeben und mit 3 bis 4 Tropfen Phenolphthaleinlösung versetzt.
- Die Bürette wird mit der Natronlauge der Konzentration $c(NaOH) = 0{,}1\ mol/L$ befüllt.
- Die Essigsäurelösung (Ansatz aus **LV4**) wird (weißes Blatt unter dem Erlenmeyerkolben) mit der Natronlauge titriert bis sich der Indikator schwach rosa färbt.
- Der Versuch wird zweimal wiederholt.
- Der Mittelwert des Natronlaugeverbrauchs $V(CH_3COOH)$ wird bestimmt und zur Berechnung der Konzentration der Essigsäure verwendet.

Berechnung nach:

$$c(CH_3COOH) = \frac{c(NaOH) \cdot V(NaOH)}{V(CH_3COOH)}$$

A5 Reaktionsgleichung für die Reaktion von Kohlenstoffmonooxid mit Methanol zu Essigsäure:
$CO\ (g) + CH_3OH\ (l) \longrightarrow CH_3COOH\ (l)$

A AUFGABEN

Schulbuchseite 139

A1 Ketone können mit FEHLING-Reagenz nicht weiter zu entsprechenden Carbonsäuren oxidiert werden, da Keton-Moleküle keine Aldehyd-Gruppe haben. Nur aus der Aldehyd-Gruppe, in der an das Kohlenstoff-Atom der Carbonyl-Gruppe auch ein Wasserstoff-Atom gebunden ist, kann die Carboxy-Gruppe eines Carbonsäure-Moleküls gebildet werden.

A2 Reaktionsfolge zur Bildung von Methansäure HCOOH:

Methanol $CH_3OH \longrightarrow$ Methanal HCHO $\longrightarrow$ Methansäure HCOOH

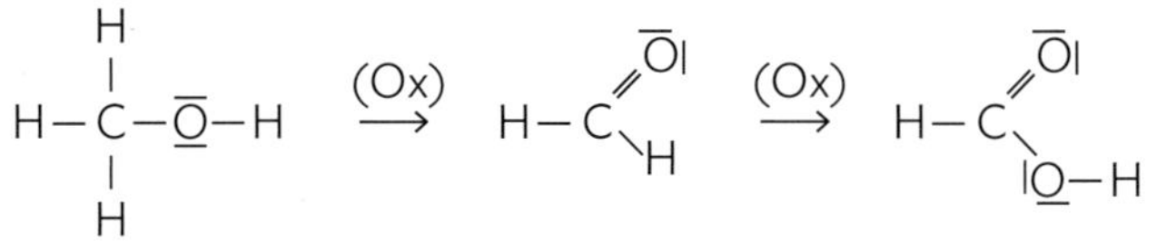

Methanol Methanal Methansäure

Reaktionsfolge zur Bildung von Butansäure C_3H_7COOH:

Butan-1-ol $C_3H_7CH_2OH \longrightarrow$ Butanal $C_3H_7CHO \longrightarrow$ Butansäure C_3H_7COOH

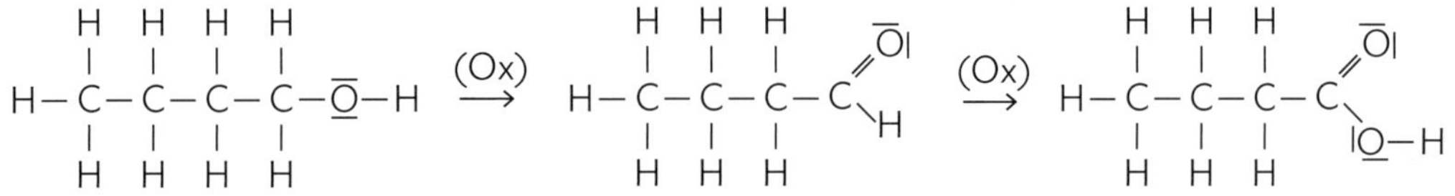

Butan-1-ol Butanal Butansäure

A3 Offene Antwort.

Beispielsweise könnten zunächst alle drei Stoffe, Propan-1-ol, Propanon und Propansäure, mit einem heißen Kupferblech in einem Reagenzglas untersucht werden. Dabei beobachtet man nur mit Propan-1-ol eine Verfärbung des Kupferblechs, es wird „kupferfarbend“: Die Kupferoxidschicht auf dem Blech wird reduziert, gleichzeitig Propan-1-ol zu Propanal oxidiert. Die beiden anderen Stoffe reagieren nicht. Propanon und Propansäure können im Folgenden durch Untersuchung des *p*H-Werts unterschieden werden: Propansäure weist im Vergleich zu Propanon einen niedrigeren *p*H-Wert auf.

A4 Teilgleichung für die Reduktion bei der Reaktion von Kaliumpermanganatlösung mit Vanillin zu Vanillinsäure:

$MnO_4^- + 8\,H^+ + 5\,e^- \longrightarrow Mn^{2+} + 4\,H_2O \quad | \cdot 2$

Teilgleichung für die Oxidation bei der Reaktion von Kaliumpermanganatlösung mit Vanillin zu Vanillinsäure:

$C_8H_8O_3 + O^{2-} \longrightarrow C_8H_8O_4 + 2\,e^- \quad | \cdot 5$

Gesamtgleichung:

$5\,C_8H_8O_3 + 5\,O^{2-} + 2\,MnO_4^- + 16\,H^+ \longrightarrow 5\,C_8H_8O_4 + 2\,Mn^{2+} + 8\,H_2O$

VERSUCHE UND MATERIAL

V AUSWERTUNG

Schulbuchseite 140

V1

a) Bei **V1a** ist mit allen drei Säurelösungen ein Farbumschlag auf dem Universalindikatorpapier zu beobachten:
Methansäurelösung: Farbumschlag nach Tiefrot (*p*H = 1-2)
Ethansäurelösung: Farbumschlag nach Hellrot-Orange (*p*H = 2-3)
Propansäurelösung: Farbumschlag nach Orange (*p*H = 3-4)

b) Bei den Reaktionen von Methansäure-, Ethansäure- und Propansäurelösung mit Magnesium (**V1b**) sind in den Reagenzgläsern unterschiedlich starke Gasentwicklungen zu beobachten. Die Heftigkeit dieser Gasentwicklung und damit der Reaktion nimmt in der Reihenfolge Methansäurelösung > Ethansäurelösung > Propansäurelösung ab.

c) LEWIS-Strukturformeln der Säure-Moleküle aus **V1a**:

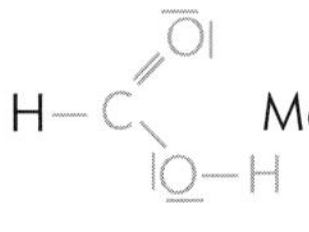 Methansäure 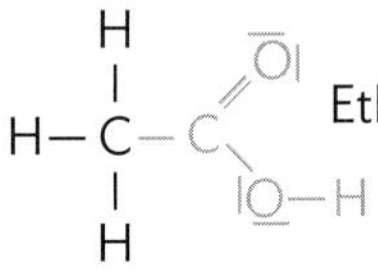 Ethansäure 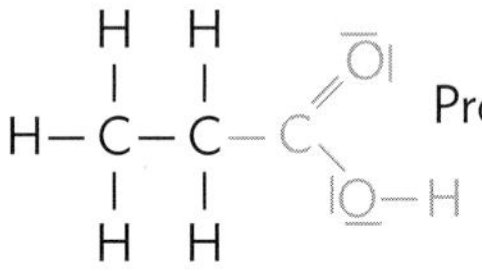 Propansäure

Funktionelle Gruppe aller Moleküle ist die Carboxy-Gruppe: 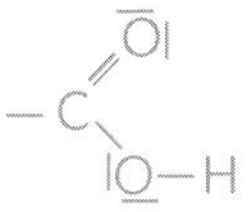

d) Verschiedene „Je ..., desto ...“-Beziehungen sind denkbar, z. B.:
„Je länger die Alkyl-Gruppe des Alkansäure-Moleküls ist, desto geringer ist die Heftigkeit der Reaktion (der Gasentwicklung) der Alkansäure mit Magnesium.“
„Je länger die Alkyl-Gruppe des Alkansäure-Moleküls ist, desto weniger dissoziiert die Säure in Wasser.“
„Je länger die Alkyl-Gruppe des Alkansäure-Moleküls ist, desto geringer ist die Säurestärke der Alkansäure.“

e) 1. Berechnung der Elektronegativitätsdifferenz zwischen einem Wasserstoff- und einem Kohlenstoff-Atom sowie zwischen einem Wasserstoff- und einem Sauerstoff-Atom (vgl. PSE):
$\Delta EN(C\text{-}H) = EN(C) - EN(H) = 2{,}5 - 2{,}1 = 0{,}4$
$\Delta EN(O\text{-}H) = EN(O) - EN(H) = 3{,}5 - 2{,}1 = 1{,}4$

2. Vergleich und Interpretation der Bindungspolaritäten anhand der *Übersicht: Chemische Bindungstypen* im Schülerbuch:
Die Kohlenstoff-Wasserstoff-Bindungen sind unpolar, die Sauerstoff-Wasserstoff-Bindung ist stark polar.

3. Schlussfolgerung:
Das Wasserstoff-Atom, das an ein Sauerstoff-Atom gebunden ist, kann am besten als Wasserstoff-Ion H^+ (Wasserstoff-Kation, Proton) abgespalten werden. Es wird also das Wasserstoff-Atom aus der Carboxy-Gruppe, nicht aber ein Wasserstoff-Atom aus der Alkyl-Gruppe als Proton H^+ abgespalten. Da bei dieser Abspaltung das bindende Elektronenpaar beim Sauerstoff-Atom verbleibt, wird von einer heterolytischen Bindungsspaltung gesprochen.

VERSUCHE UND MATERIAL

V AUSWERTUNG

Schulbuchseite 140

V1

f) Aus der bisherigen Auswertung kann geschlossen werden, dass Methan-, Ethan- und Propansäure in den wässrigen Lösungen als Säuren reagieren, also, dass die Säure-Moleküle je ein Proton H^+ (Wasserstoff-Kation) abspalten. Diese reagieren an der Oberfläche des Magnesiumbandes mit Magnesium-Atomen. Dabei werden die Protonen (Wasserstoff-Kationen) zu Wasserstoff-Atomen reduziert und gleichzeitig die Magnesium-Atome unter Bildung von Magnesium-Kationen oxidiert. Es findet somit jeweils eine Redoxreaktion statt, bei der Wasserstoff gebildet wird. Das entstehende Gas ist danach Wasserstoffgas.
Reduktion: $2\ H^+ + 2\ e^- \longrightarrow H_2$
Oxidation: $Mg \longrightarrow Mg^{2+} + 2\ e^-$
Redoxreaktion: $2\ H^+\ (aq) + Mg\ (s) \longrightarrow H_2\ (g) + Mg^{2+}\ (aq)$

V AUSWERTUNG

Schulbuchseite 141

V2
V3

a)

	vor dem Versuch	während des Versuchs	nach dem Versuch
V2	*Calcium*: mattgrauer Feststoff; *Calciumoxid*: weißer Feststoff; *Calciumhydroxid*: weißer Feststoff; *Calciumcarbonat*: weißer Feststoff	*Calcium*: relativ starke Gasentwicklung auf der Oberfläche der Calciumkörner, die sich mit der Zeit auflösen. Die Knallgasprobe mit dem entstehenden Gas ist negativ, es handelt sich um Wasserstoff. *Calciumoxid*: löst sich. *Calciumhydroxid*: löst sich. *Calciumcarbonat*: löst sich unter relativ starker Gasentwicklung. Die Kalkwasserprobe mit dem entstehenden Gas ist positiv, es handelt sich um Kohlenstoffdioxid.	Bei Einsatz sehr kleinen Mengen liegt in allen Reagenzgläsern eine klare Lösung vor. Bei Verwendung größerer Mengen können Trübungen auftreten oder es verbleibt ein Bodensatz.
V3	*Calcium*: mattgrauer Feststoff; *Calciumoxid*: weißer Feststoff; *Calciumhydroxid*: weißer Feststoff; *Calciumcarbonat*: weißer Feststoff	Die Beobachtungen ähneln denen bei **V2**. Die Heftigkeit der Reaktion mit Essigsäure ist jedoch in allen Fällen geringer als die der Reaktion mit Salzsäure.	Vgl. **V2**.

VERSUCHE UND MATERIAL

V AUSWERTUNG

Schulbuchseite 141

V2

V3

b) Salzsäure und Calcium reagieren zu Calciumchlorid und Wasserstoff:
$2\,HCl\,(aq) + Ca\,(s) \longrightarrow CaCl_2\,(aq) + H_2\,(g)$

Salzsäure und Calciumoxid reagieren zu Calciumchlorid und Wasser:
$2\,HCl\,(aq) + CaO\,(s) \longrightarrow CaCl_2\,(aq) + H_2O\,(l)$

Salzsäure und Calciumhydroxid reagieren zu Calciumchlorid und Wasser:
$2\,HCl\,(aq) + Ca(OH)_2\,(s) \longrightarrow CaCl_2\,(aq) + 2\,H_2O\,(l)$

Salzsäure und Calciumcarbonat reagieren zu Calciumchlorid und Wasser und Kohlenstoffdioxid:
$2\,HCl\,(aq) + CaCO_3\,(s) \longrightarrow CaCl_2\,(aq) + H_2O\,(l) + CO_2\,(g)$

c) Ethansäure und Calcium reagieren zu Calciumacetat und Wasserstoff:
$2\,CH_3COOH\,(aq) + Ca\,(s) \longrightarrow Ca(CH_3COO)_2\,(aq) + H_2\,(g)$

Ethansäure und Calciumoxid reagieren zu Calciumacetat und Wasser:
$2\,CH_3COOH\,(aq) + CaO\,(s) \longrightarrow Ca(CH_3COO)_2\,(aq) + H_2O\,(l)$

Ethansäure und Calciumhydroxid reagieren zu Calciumacetat und Wasser:
$2\,CH_3COOH\,(aq) + Ca(OH)_2\,(s) \longrightarrow Ca(CH_3COO)_2\,(aq) + 2\,H_2O\,(l)$

Ethansäure und Calciumcarbonat reagieren zu Calciumacetat und Wasser und Kohlenstoffdioxid:
$2\,CH_3COOH\,(aq) + CaCO_3\,(s) \longrightarrow Ca(CH_3COO)_2\,(aq) + H_2O\,(l) + CO_2\,(g)$

V AUSWERTUNG

Schulbuchseite 141

V4

a) Zitronensaft enthält wasserlösliche Citronensäure. Diese bildet mit den Calcium-Kationen der Kalkmilch (Calciumhydroxid und Wasser) wasserlösliches Calciumcitrat (Schritte a und b).
Bei den Schritten c und d nutzt man die Schwerlöslichkeit von Calciumcitrat in heißem Wasser aus: Beim Erhitzen der wässrigen Calciumcitratlösung (c) fällt schwerlösliches Calciumcitrat aus, das dann in Schritt d filtriert werden kann. In Schritt e nutzt man, dass Calciumsulfat schwerer löslich ist als Calciumcitrat: Aus der wässrigen (kalten) Calciumcitratlösung fällt bei Zusatz von Schwefelsäure Calciumsulfat aus. Dieses wird in Schritt f abfiltriert, das Filtrat enthält dann gelöste Citronensäure. Nach dem Eindampfen / Verdunstenlassen der wässrigen Citronensäurelösung erhält man letztlich kristalline Citonensäure (Schritt g).

b) Schritt a): Citronensäure (aq) + Calciumhydroxid (aq) ⟶ Calciumcitrat (aq) + Wasser (l)
Schritt e): Calciumcitrat (aq) + Schwefelsäure (aq) ⟶ Calciumsulfat (aq) + Citronensäure (aq)

ERARBEITUNG

A AUFGABEN

Schulbuchseite 143

A1 Im Gegensatz zu Alkanolen reagieren Alkansäuren in wässriger Lösung als BRØNSTEDT-Säuren. Folglich reagieren Ethansäure-Moleküle im Gegensatz zu Ethanol-Molekülen mit Wasser als Protonen-Donatoren und geben je ein Proton an je ein Wasser-Molekül ab. Dabei bilden sich neben Ethanoat-Ionen (Acetat-Ionen) Oxonium-Ionen H_3O^+. Diese sind für den sauren Charakter der Lösung verantwortlich, der *p*H-Wert sinkt und Farbe des Universalindikators schlägt von Grün nach Rot um.

A2

Name (Trivialname)	Summen-formel	LEWIS-Strukturformel	Name des Säurerest-Anions (Trivial-name)	Siede-tem-pera-tur	Vor-kommen
Methansäure (Ameisen-säure)	HCOOH	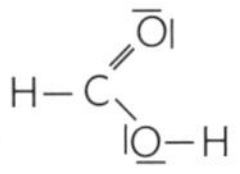	Methanoat (Formiat)	101 °C	Ameisen-gift, Brenn-nessel
Ethansäure (Essigsäure)	CH_3COOH	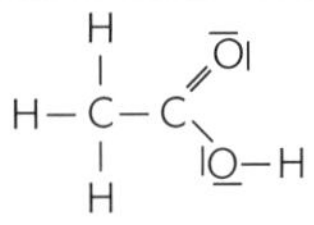	Ethanoat (Acetat)	118 °C	Essig
Propansäure (Propionsäure)	C_2H_5COOH	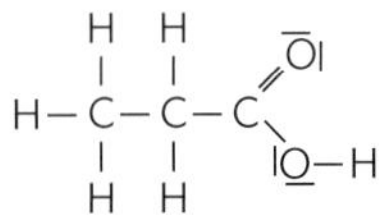	Propanoat (Propionat)	141 °C	Schweiß
Butansäure (Buttersäure)	C_3H_7COOH	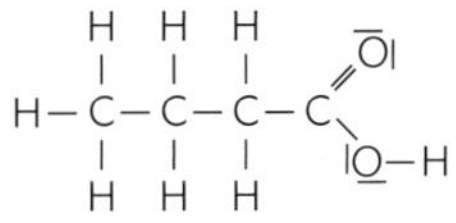	Butanoat (Butyrat)	164 °C	Schweiß. Milchfett
Pentansäure (Valeriansäure)	C_4H_9COOH	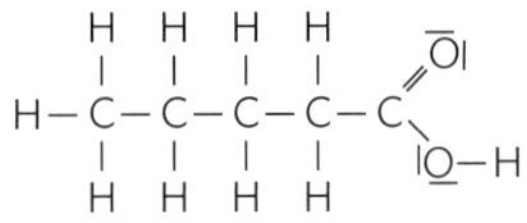	Pentanoat	186 °C	Pflanzen-öle
Hexansäure (Carpronsäure)	$C_5H_{11}COOH$	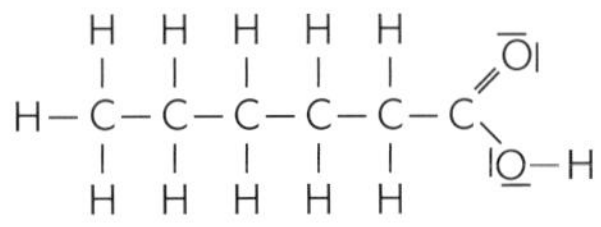	Hexanoat	205 °C	Butter, Kokosfett
Heptansäure (Önathsäure)	$C_6H_{13}COOH$	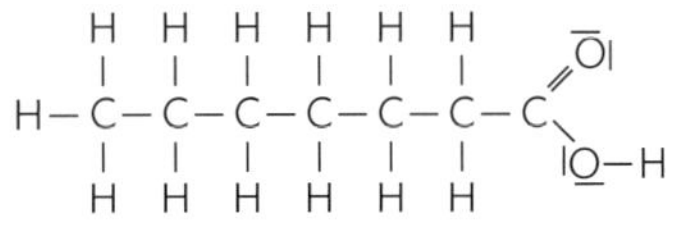	Heptanoat	222 °C	Kalmus
Octansäure (Caprylsäure)	$C_7H_{15}COOH$	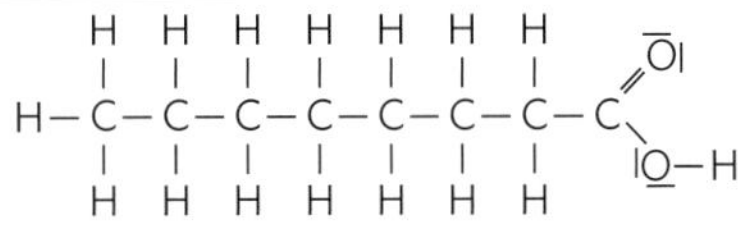	Octanoat	239 °C	Butter, Kokosfett
Nonansäure (Perlargon-säure)	$C_8H_{17}COOH$	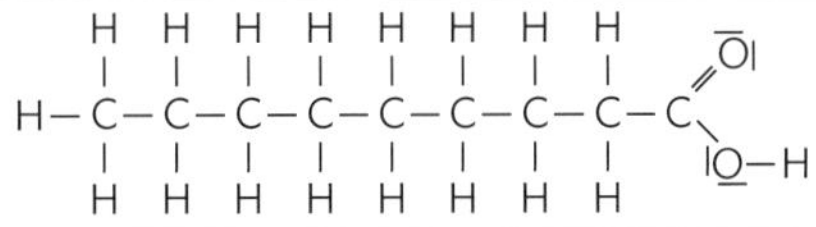	Nonanoat	255 °C	Fuselöle, Perlar-gonium
Decansäure (Caprinsäure)	$C_9H_{19}COOH$	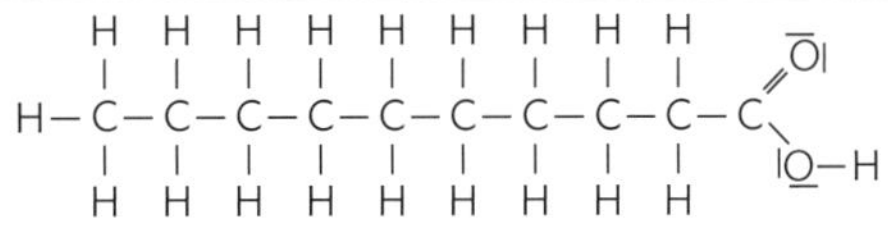	Decanoat	269 °C	Tier- und Pflanzen-fette

A3

a) Reaktion von Methansäure mit Natronlauge zu Natriummethanoat:
$HCOOH\ (aq) + NaOH\ (aq) \longrightarrow NaHCOO\ (aq) + H_2O\ (l)$

b) Reaktion von Ethansäure mit Kalkwasser zu Calciumcarbonat:
$2\ CH_3COOH\ (aq) + Ca(OH)_2\ (aq) \longrightarrow Ca(CH_3COO)_2\ (aq) + 2\ H_2O\ (l)$

c) Reaktion von Octansäure mit Kalilauge zu Kaliumoctanoat:
$C_7H_{15}COOH\ (aq) + KOH\ (aq) \longrightarrow KC_7H_{15}COO\ (aq) + H_2O\ (l)$

d) Reaktion von Propansäure mit Wasser zu Propanoat:
$C_2H_5COOH\ (aq) + H_2O\ (l) \longrightarrow C_2H_5COO^-(aq) + H_3O^+\ (aq)$

A AUFGABEN

Schulbuchseite 145

A1

a) Reaktion von Ethansäure mit Bariumoxid zu Bariumethanoat und Wasser:
$2\ CH_3COOH\ (aq) + BaO\ (s) \longrightarrow Ba(CH_3COO)_2\ (aq) + H_2O\ (l)$

b) Reaktion von Ethansäure mit Kaliumhydroxid zu Kaliumethanoat und Wasser:
$CH_3COOH\ (aq) + KOH\ (s) \longrightarrow KCH_3COO\ (aq) + H_2O\ (l)$

c) Reaktion von Ethansäure mit Magnesiumcarbonat zu Magnesiumethanoat, Kohlenstoffdioxid und Wasser:
$2\ CH_3COOH\ (aq) + MgCO_3\ (s) \longrightarrow Mg(CH_3COO)_2\ (aq) + CO_2\ (g) + H_2O\ (l)$

A2

Konservendosen bestehen aus Weißblech, d. h. mit Zinn überzogenem Stahlblech. Durch eine zusätzliche Lack- bzw. Kunststoffschicht innen in Konservendosen wird ein Kontakt zwischen Blech und den Säuren, die in sauren Lebensmitteln enthalten sind, vermieden.
Lässt man die Lackschicht weg, kommt es infolge des Kontakts des Weißblechs mit den Säuren zu einer Säurekorrosion. Dabei wird das Metall, v. a. Eisen, oxidiert und als Nebenprodukt entsteht entzündliches Wasserstoffgas. In Folge kann es zum Entstehen von Löchern im Blech und damit auch zum Platzen der Konserven kommen.

A3

a) Bei der Reaktion einer kurzkettigen Alkansäure mit Calciumcarbonat entsteht das Gas Kohlenstoffdioxid, bei der mit Magnesium bildet sich das Gas Wasserstoff.

b) Kohlenstoffdioxid lässt sich mit der Kalkwasserprobe nachweisen, dieses trübt sich durch ausfallendes Calciumcarbonat, wenn Kohlenstoffdioxid eingeleitet wird (vgl. Seite 118 in Chemie 1). Wasserstoff wird mit der Knallgasprobe nachgewiesen. Fällt diese negativ aus, ist Wasserstoff vorhanden (vgl. Seite 133 in Chemie 1).

VERSUCHE UND MATERIAL

V AUSWERTUNG

Schulbuchseite 146

V1 V2

a) Das Universalindikatorpapier färbt sich in den wässrigen Lösungen von Oxalsäure und von Citronensäure rot **(V1)**. Sowohl in der Oxalsäurelösung, als auch in der Citronensäurelösung und der Essigsäurelösung ist auf dem eingetauchten Magnesiumspan eine Gasentwicklung zu beobachten **(V2)**, die Gasbläschen steigen nach oben.

b) Oxalsäure (s) + Wasser (l) ⟶ Oxalat (aq) + Oxonium (aq)

$HOOC\text{-}COOH\ (s) + 2\ H_2O\ (l) \longrightarrow {}^{-}OOC\text{-}COO^{-}\ (aq) + 2\ H_3O^+\ (aq)$

c) Nach BRØNSTEDT ist eine Säure ein Protonen-Donator und eine Base ein Protonen-Akzeptor. Sowohl Oxalsäure als auch Cironensäure fungieren in Wasser als BRØNSTEDT-Säuren, da die Oxal-Moleküle bzw. die Citronensäure-Moleküle an Wasser-Moleküle Protonen abgeben. Die Wasser-Moleküle reagieren dabei jeweils als BRØNSTEDT-Basen:

$HOOC\text{-}COOH\ (s)$	+	$2\ H_2O\ (l)$	⟶	${}^{-}OOC\text{-}COO^{-}\ (aq)$	+	$2\ H_3O^+\ (aq)$
Oxalsäure-Moleküle		Wasser-Moleküle		Oxalat-Anionen		Oxonium-Ionen
Protonen-Donatoren		Protonen-Akzeptoren				

$HOOC\text{-}CH_2\text{-}COHCOOH\text{-}CH_2\text{-}COOH\ (s) + 3\ H_2O\ (l) \longrightarrow$

Citronenäure-Moleküle — Wasser-Moleküle

Protonen-Donatoren — Protonen-Akzeptoren

${}^{-}OOC\text{-}CH_2\text{-}COHCOO^{-}\text{-}CH_2\text{-}COO^{-}\ (aq) + 3\ H_3O^+\ (aq)$

Citrat-Anionen — Oxonium-Ionen

d) Oxalsäure (aq) + Magnesium (s) ⟶ Magnesiumoxalat (aq) + Wasserstoff (g)

Citronensäure (aq) + Magnesium (s) ⟶ Magnesiumcitrat (aq) + Wasserstoff (g)

Essigsäure (aq) + Magnesium (s) ⟶ Magnesiumacetat (aq) + Wasserstoff (g)

V AUSWERTUNG

Schulbuchseite 147

V3

a)

Reaktionsschritt	Beobachtung Citronensäurelösung	Beobachtung Essigsäurelösung
Zugabe von Universal-indikatorlösung	Orangefärbung der Lösung (pH = 3 bis 4)	Rotfärbung der Lösung (pH = 1)
Zugabe von Calcium-carbonat	Sprudeln bzw. Gasblasenbildung; die Lösung entfärbt sich; das Filtrat ist klar.	Sprudeln bzw. Gasblasenbildung; die Lösung entfärbt sich; das Filtrat ist klar.
Erhitzen des Filtrats	Die Lösung trübt sich, ein weißer Feststoff fällt aus.	Die Lösung ist weiterhin klar und farblos.

b) Reaktion von Citronensäure mit Calciumcarbonat zu Calciumcitrat:

$2\ C_6H_8O_7\ (aq) + 3\ CaCO_3\ (s) \longrightarrow Ca_3(C_6H_5O_7)_2\ (aq) + 3\ CO_2\ (g) + 3\ H_2O\ (l)$

Reaktion von Essigsäurelösung mit Calciumcarbonat zu Calciumacetat:

$2\ C_2H_4O_2\ (aq) + CaCO_3\ (s) \longrightarrow Ca(C_2H_3O_2)_2\ (aq) + CO_2\ (g) + H_2O\ (l)$

c) Die Behauptung ist richtig, Citronensäure ist eher ungeeignet, um Kaffeemaschinen zu entkalken: Citronensäure löst tatsächlich den Kalk (Calciumcarbonat), bei der Reaktion bildet sich aber Calciumcitrat. Dieses ist kaltem Wasser löslich, fällt jedoch in heißem Wasser als schwerlösliches Salz (weißer Feststoff) aus. Somit ist die Kaffeemaschine zwar entkalkt, enthält aber festes Calciumcitrat, das ggf. Leitungen etc. verstopfen kann.

VERSUCHE UND MATERIAL

V AUSWERTUNG

Schulbuchseite 147

V4
V5

a) In dem Reagenzglas mit der gesättigten Calciumchloridlösung ist eine farblose Lösung über einem festen, weißen Bodensatz zu erkennen. Die Oxalsäurelösung ist klar und farblos. Während des Zutropfens der Oxalsäurelösung zur Calciumchloridlösung tritt eine Trübung auf, nach längerem Stehenlassen ist ein weißer Bodensatz zu beobachten **(V4)**.
Bei der Zugabe von etwas Rhabarbersaft zu der gesättigten Calciumchloridlösung **(V5)** sind ähnliche Beobachtungen wie bei **V4** zu machen, nur in abgeschwächter Form.

b) Reaktionsgleichung für die Bildung von Calciumoxalat aus Calciumchlorid und Oxalsäure:
$HOOC\text{-}COOH\ (aq) + CaCl_2\ (aq) \longrightarrow Ca(COO)_2\ (s) + 2\ HCl\ (aq)$

c) Aus den Beobachtungen bei **V4** und **V5** ist zu schließen, dass Rhabarber Oxalsäure enthält. Bei der Reaktion von Rhabarbersaft mit Calciumchloridlösung sind dieselben Beobachtungen zu machen wie bei der von Oxalsäure mit Calciumchloridlösung.
In beiden Fällen bildet sich Calciumoxalat (weißer Niederschlag).

ERARBEITUNG

A AUFGABEN

Schulbuchseite 149

A1 Eine Dicarbonsäure ist eine Carbonsäuren mit zwei Carboxy-Gruppen im Molekül, deren Name sich von dem entsprechenden Alkan mit dem Zusatz –disäure ableitet. Da eine Carboxy-Gruppe ein Kohlenstoff-Atom enthält, zwei Carboxy-Gruppen also zwei Kohlenstoff-Atome enthalten und ein Methan-Molekül nur ein Kohlenstoff-Atom hat, gibt es keine „Methandisäure-Moleküle", also keine „Methandisäure".

A2 Im Rahmen einer oxalsäurearmen Ernährung sollte auf Lebensmittel verzichtet werden, die einen hohen Oxalsäuregehalt aufweisen. Dazu zählen nach **B1** z. B. Mangold, Rhabarber, Spinat, Süßkartoffeln, Mandeln und Erdnüsse.
Zu empfehlen sind dagegen viele Obstsorten, v. a. Äpfel, aber auch Gemüsesorten wie Möhren und Knollensellerie.

A3 Oxalat-Ionen aus Oxalsäure bilden mit Calcium-Ionen schwerlösliches Calciumoxalat. Oxalsäure entzieht dem Köper somit diese lebenswichtigen Ionen, die u. a. für den Knochen- und Zahnaufbau essentiell sind. Lebensmittel mit einem hohen Oxalsäuregehalt wie Rhabarber und Spinat sollten daher zusammen mit Milchprodukten (z. B. Sahne) verzehrt werden, da diese reich an Calcium-Ionen sind. Dies führt dazu, dass die Oxalsäure der Gemüse als Calciumoxalat ausgefällt wird und somit nicht mehr mit den körpereigenen Calcium-Ionen reagieren kann. Dadurch wird einem Calcium-Ionenmangel im Körper vorgebeugt.

A4 Citronensäure ist schonender als Essigsäure, kann aber nur zum Entkalken bei niedrigen Temperaturen genutzt werden, da sich in der Wärme schwerlösliches Calciumcitrat bildet (vgl. Auswertung c) zu **V3**, (Schulbuchseite 147). Essigsäure kann dagegen auch zum Heißentkalken genutzt werden (Calciumacetat ist wasserlöslich), ist allerdings wesentlich aggressiver. Durch Essigsäure können Bauteile eines Gerätes und Dichtungen beschädigt werden. Essigsäure reagiert sogar mit Kupfer und Chrom. Zudem ist der Geruch von erhitztem Essig sehr unangenehm.

ERARBEITUNG

A AUFGABEN

Schulbuchseite 150

A1 Systematischer Name von Äpfelsäure: 2-Hydroxybutandisäure
Systematischer Name von Weinsäure: 2,3-Dihydroxybutandisäure

A2

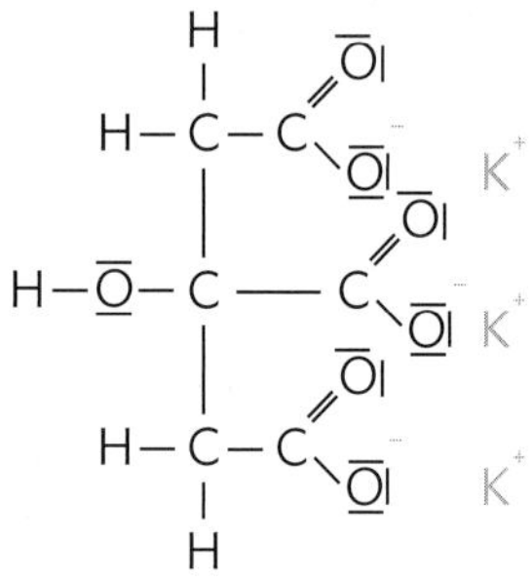

Kaliumcitrat

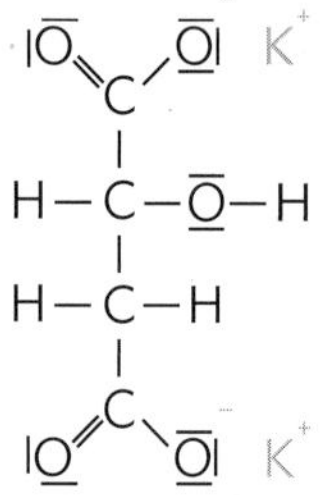

Kaliummalat

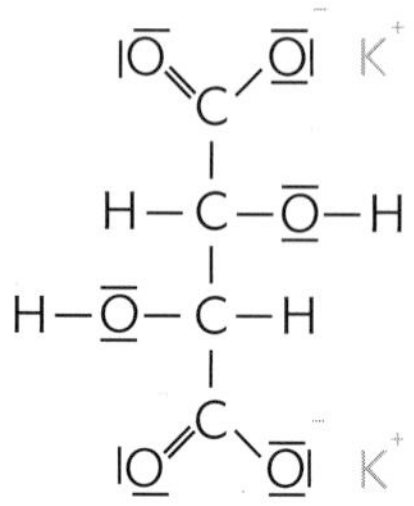

Kaliumtartrat

A3 Brausetabletten enthalten oft Weinsäure im Gemisch mit Natriumhydrogencarbonat. Gibt man eine solche Brausetablette in Wasser, löst sich die enthaltene Weinsäure in dem Wasser und reagiert mit dem Natriumhydrogencarbonat zu Natriumtartrat, Wasser und Kohlenstoffdioxid. Dieses sich bildende Gas Kohlenstoffdioxid verursacht das „Sprudeln".

A4

Systematischer Name	Trivialname	Halbstrukturformel	Bezeichnung des Salzes	E-Nummer	Verwendung
Ethandisäure	Oxalsäure	$H_2C-COOH$ | $HO-C-COOH$ | $H_2C-COOH$	Oxalat		Bleichmittel, Entfernung von Rostflecken
2-Hydroxypropan-1,2,3-tricarbonsäure	Citronensäure	HOOC−COOH	Citrat	E330	zum Entkalken; zur Entfernung von Rostflecken; als Konservierungs- und Säuerungsmittel
2-Hydroxybutandisäure	Äpfelsäure	COOH | H−C−OH | H−C−H | COOH	Malat	E296	Konservierungsmittel, Säuerungsmittel
2,3- Dihydroxybutandisäure	Weinsäure	COOH | H−C−OH | HO−C−H | COOH	Tartrat	E334	Säuerungsmittel

EXKURS > Milchsäure

A AUFGABEN

Schulbuchseite 151

A1 Der systematische Name von Milchsäure ist 2-Hydroxypropansäure.

A2 Natriumlactat (das Natriumsalz der Milchsäure) $CH_3CHOHCOONa$ kann z. B. durch die Reaktion von Natronlauge mit Milchsäure hergestellt werden:

$CH_3–CHOH–COOH + NaOH \longrightarrow CH_3–CHOH–COONa + H_2O$

A3 Zellatmung: $C_6H_{12}O_6 + 6\,O_2 \longrightarrow 6\,CO_2 + 6\,H_2O$ | exotherm

Energiediagramm Zellatmung:

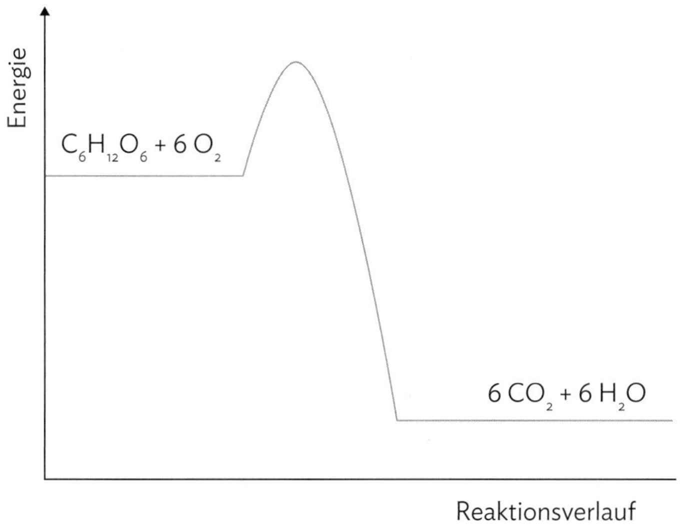

Milchsäuregärung: $C_6H_{12}O_6 \longrightarrow 2\,C_3H_6O_3$ | exotherm

Energiediagramm Milchsäuregärung:

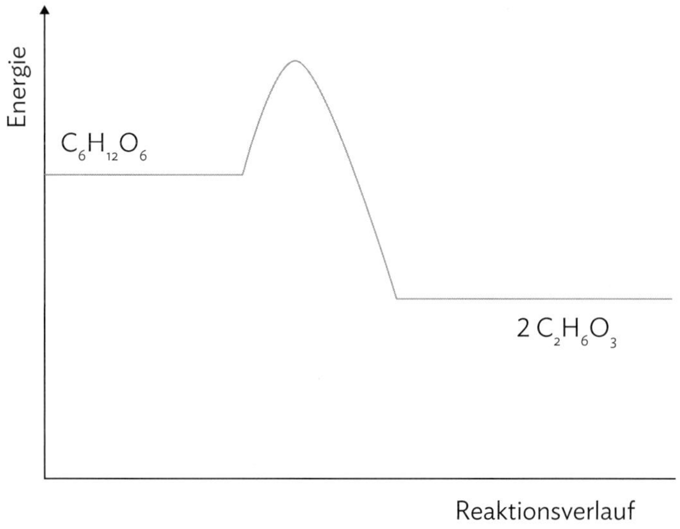

A4 Bis vor einiger Zeit wurde nicht nur in der Bevölkerung, sondern auch unter Experten angenommen, dass der schmerzhafte „Muskelkater“ durch Übersäuerung des Muskels durch Milchsäure (Lactate) hervorgerufen wird.

Dieser Annahme widersprechen aber folgende Fakten:

- Muskelkater tritt vor allem nach Krafttraining, bei dem relativ wenig Lactat gebildet wird, und nicht nach intensiven anaeroben Langsprinteinheiten (z. B. 400-m-Läufen), nach denen extrem hohe Lactatwerte gemessen werden, auf.
- Muskelkaterschmerzen setzen erst einige Stunden nach der Anstrengung ein, also erst, wenn der Lactatspiegel sich längst wieder normalisiert hat (die Halbwertszeit von Lactat beträgt ca. 20 min).

Nach dem heutigen Wissensstand kann davon ausgegangen werden, dass winzige Risse im Muskelgewebe (in den Muskelfasern) ursächlich für „Muskelkater“ sind. Diese entstehen bei Überlastung des Muskelgewebes, einer Überdehnung, vor allem bei ungewohnten Bewegungen. In die entstandenen Risse dringt Wasser ein, infolgedessen sich kleine Ödeme bilden. Dieses Anschwellen des Muskels bewirkt einen als „Muskelkater“ wahrgenommenen Dehnungsschmerz. Da sich im Muskel selbst keine Schmerzrezeptoren befinden, nimmt man einen Schmerz erst 12 bis 24 Stunden nach der Belastung wahr, wenn Entzündungsstoffe ausgespült werden und in Kontakt mit Nervenzellen kommen.

VERSUCHE UND MATERIAL

V AUSWERTUNG

Schulbuchseite 152

V1

V2

a)

Aminosäure	Färbung des feuchten Universalindikatorpapiers nach Erhitzen der angefeuchteten Aminosäurelösung mit Natriumhydroxid (V1)	Geruch nach Erhitzen der wässrigen Aminosäurelösung mit Natriumhydroxid (V1)	pH-Wert der festen Aminosäurekristalle (V2)
Glycin	Blaufärbung	stechend nach Ammoniak	5 bis 6
Glutaminsäure	Blaufärbung	stechend nach Ammoniak	4
Lysin	Blaufärbung	stechend nach Ammoniak	9
Alanin	Blaufärbung	stechend nach Ammoniak	6
Asparaginsäure	Blaufärbung	stechend nach Ammoniak	3
Arginin	Blaufärbung	stechend nach Ammoniak	10
Leucin	Blaufärbung	stechend nach Ammoniak	6

b) Einige Aminosäuren reagieren wie Carbonsäuren sauer (*p*H-Wert kleiner als 7), sind also als Säuren zu bezeichnen. Aminosäuren unterscheiden sich von Carbonsäuren durch die Bildung von Ammoniak beim Erhitzen mit Natriumhydroxid (**V1**). Ihre Moleküle müssen daher außer der für die Säureeigenschaften verantwortlichen Carboxy-Gruppe eine weitere funktionelle Gruppe enthalten, aus der Ammoniak entstehen kann.

c) Der starke Geruch nach Ammoniak beim Erhitzen einer angefeuchteten Aminosäure mit Natriumhydroxid deutet darauf hin, dass bei der Reaktion Ammoniak gebildet wird. Dies wird mit der Silbe „Amino“ im Namen Aminosäure angegeben. Die Moleküle einer Aminosäure enthalten als funktionelle Gruppe die Amino-Gruppe.

V AUSWERTUNG

Schulbuchseite 153

LV3

a) Das Besprühen der DC-Folie aus der Chromatografiekammer mit Ninhydrinlösung sowie das anschließende Erhitzen dienen der Sichtbarmachung der Aminosäuren. Aminosäuren reagieren mit Ninhydrin in wässriger Lösung unter Erhitzen zu einem violetten Farbstoff.

b) Das Chromatogramm in **B2** zeigt unterschiedlich gefärbte Flecken (gelb für Glycin (a), grünlich für Cystein (b), rot für Leucin und Methionin (c und d) in unterschiedlicher Höhe. Bei der unbekannten Mischung dreier Aminosäuren sind auch drei Flecken zu erkennen (e).

c) Das Chromatogramm für das Gemisch (**B2**, (e) zeigt ganz unten einen gelben Fleck, in der Mitte einen grünlichen und oben einen roten. Vergleicht man die Farben und Laufhöhen dieser drei Flecken mit denen der Flecken für die Einzelproben, kann man die drei Aminosäuren des Gemisches als Glycin (gelber Fleck wie (a), Cystein (grünlicher Fleck wie (b) und Leucin (roter Fleck auf der Höhe von (c) identifizieren.

4.4 Aminosäuren

ERARBEITUNG

A AUFGABEN

Schulbuchseite 155

A1 Von den Aminosäuren in **B5** haben Asparaginsäure und Glutaminsäure je zwei Carboxy-Gruppen im Molekül.

A2 Offene Antwort. Beispielsweise könnten Glycin, Cystein und Lysin gewählt werden:

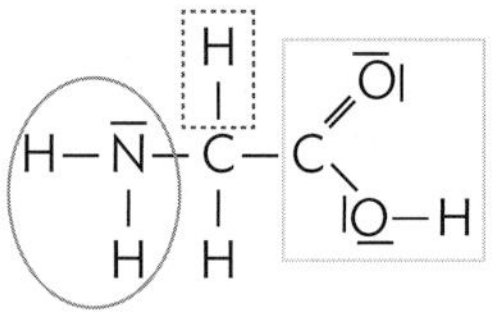

LEWIS-Strukturformel Glycin

Carboxy-Gruppe

Amino-Gruppe

Rest

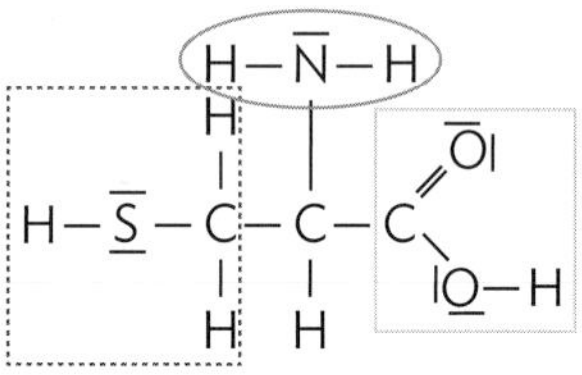

LEWIS-Strukturformel Cystein

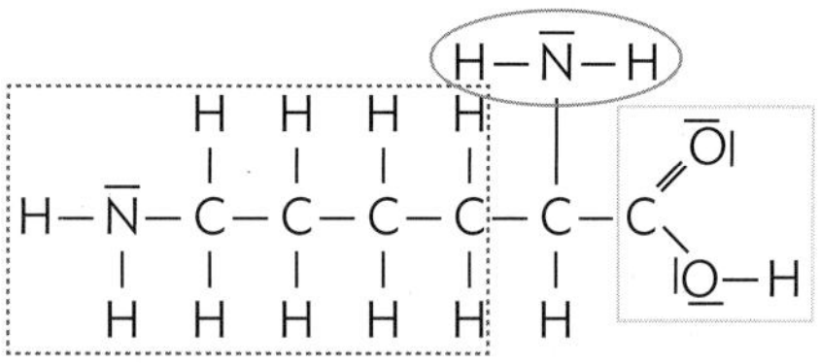

LEWIS-Strukturformel Lysin

A3

Essentielle Aminosäure	Vorkommen
Isoleucin	Hähnchenbrust, Erbsen, Rindfleisch, Walnüsse, Hühnerei
Leucin	Hähnchenbrust, Rindfleisch, Lachs, Hühnerei, Erbsen, Walnüsse
Lysin	Kürbiskerne, Hühnerbrust, Lachs, Rindfleisch, Erbsen, Tofu
Methionin	Paranüsse, Lachs, Sojabohnen, Sesam
Phenylalanin	Sojabohnen, Kürbiskerne, Erbsen, Hähnchenbrust, Schweinefleisch, Lachs
Threonin	Hähnchenbrust, Rindfleisch, Lachs, Erbsen
Tryptophan	Sojabohnen, Cashewkerne, Kakaopulver, Erbsen
Valin	Hähnchenbrust, Rindfleisch, Lachs, Erbsen

A4

Protein	Funktion
Enzyme	Enzyme ermöglichen und kontrollieren (katalysieren) sehr spezifische (bio)chemische Reaktionen in Lebewesen (Biokatalysen).
Kollagene	Kollagene sind Strukturproteine der Haut, des Bindegewebes und der Knochen.
Antikörper	Antikörper dienen der Abwehr von Infektionen.
Blutgerinnungsfaktoren	Blutgerinnungsfaktoren sorgen bei einer Verletzung eines Blutgefäßes für die Blutgerinnung.

FACHMETHODE: Aus der LEWIS-Strukturformel die Skelettformel entwickeln

A AUFGABEN

Schulbuchseite 156

A1 Skelettformel der Moleküle von:

a) Hexan

b) Pentan-1-ol

c) Propanal

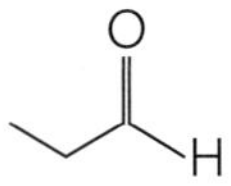

d) Propanon

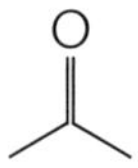

e) Hexadecansäure

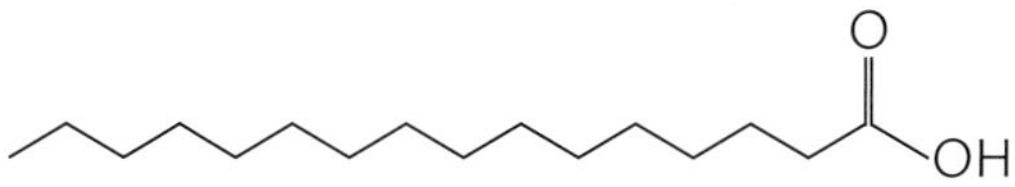

f) But-2-in

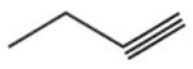

A2 LEWIS-Strukturformeln der dargestellten Skelettformeln:

a) 3-Ethylheptan

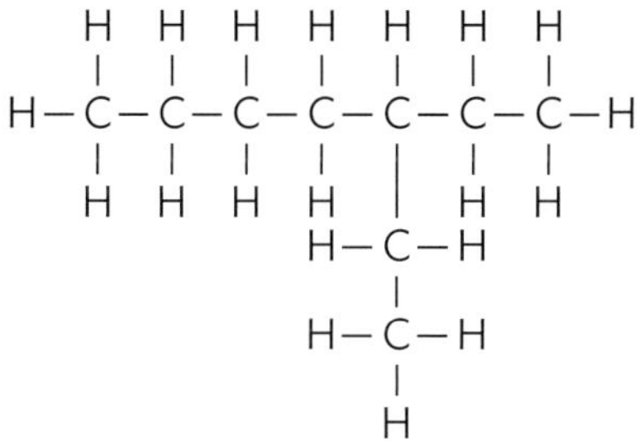

b) Ethansäure

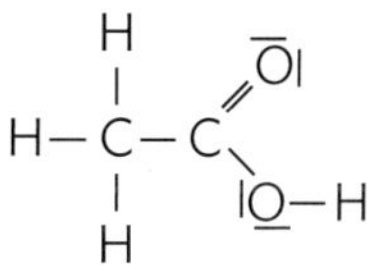

c) 3-Hexenol

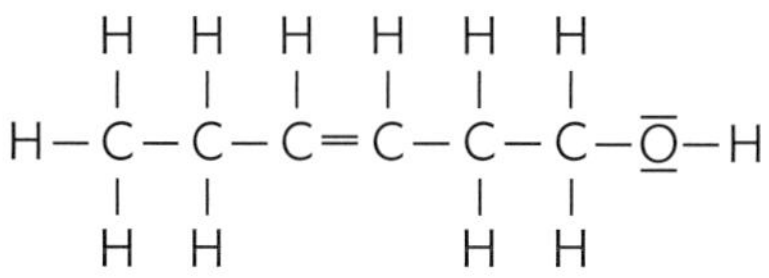

EXKURS > Bequem zu mehr Muskeln? – Eiweißpräparate für Sportler

A AUFGABEN

Schulbuchseite 157

A1 Zunächst einmal ist ein Glucose-Molekül ein Molekül der definierten Verbindung Glucose, während ein Aminosäure-Molekül allgemein als ein Molekül verschiedenster Aminosäuren dargestellt werden müsste, als Beispiel wird hier das Alanin-Molekül gewählt.
Ein Glucose-Molekül (hier in der offenkettigen Form abgebildet) besteht aus einem Gerüst von sechs Kohlenstoff-Atomen und hat als funktionelle Gruppen eine Aldehyd-Gruppe –CHO und fünf Hydroxy-Gruppen -OH.
Ein Alanin-Molekül enthält hingegen als funktionelle Gruppen eine Amino-Gruppe $-NH_2$ und eine Carboxy-Gruppe –COOH.

Glucose

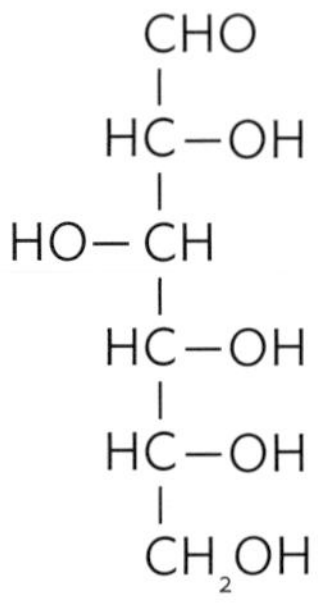

Alanin

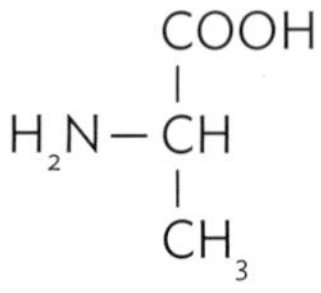

Länge und Struktur des Gerüsts aus Kohlenstoff-Atomen eines Aminosäure-Moleküls variiert je nach Aminosäure, in den Molekülen anderer Aminosäuren können weitere funktionelle Gruppen auftreten.
Bei einer Umwandlung einer Aminosäure in Glucose müssen also die Amino-Gruppe entfernt (Desaminierung), das Gerüst aus sechs Kohlenstoff-Atomen aufgebaut und die funktionellen Gruppen eingeführt werden.

A2 Mit der Nahrung aufgenommene Proteine werden im Körper in ihre Aminosäure-Bausteine zerlegt. Diese werden anschließend zu neuen Proteinen zusammengefügt (Proteinbiosynthese). Eine hinreichend proteinhaltige Ernährung ist also die Grundlage für den Aufbau von z. B. Muskelmasse, die aus vielen Proteinen besteht.

ZUM ÜBEN UND WEITERDENKEN

A AUFGABEN

Schulbuchseite 158, 159

A1

a) Alkansäure mit zwei Kohlenstoff-Atomen im Molekül: Ethansäure:
$CH_3\text{-}COOH$
Alkansäure mit vier Kohlenstoff-Atomen im Molekül: Butansäure:
$CH_3\text{-}CH_2\text{-}CH_2\text{-}COOH$
Alkansäure mit sechs Kohlenstoff-Atomen im Molekül: Hexansäure:
$CH_3\text{-}CH_2\text{-}CH_2\text{-}CH_2\text{-}CH_2\text{-}COOH$
Alkansäure mit acht Kohlenstoff-Atomen im Molekül: Octansäure:
$CH_3\text{-}CH_2\text{-}CH_2\text{-}CH_2\text{-}CH_2\text{-}CH_2\text{-}CH_2\text{-}COOH$
Alkansäure mit zehn Kohlenstoff-Atomen im Molekül: Decansäure:
$CH_3\text{-}CH_2\text{-}CH_2\text{-}CH_2\text{-}CH_2\text{-}CH_2\text{-}CH_2\text{-}CH_2\text{-}CH_2\text{-}COOH$

b) Die Glieder einer homologen Reihe unterscheiden sich im Molekülbau jeweils um eine Methylen-Gruppe $-CH_2-$.

c) Die allgemeine Summenformel für Alkansäuren ist $C_nH_{2n+1}COOH$.

A2

Die Löslichkeit der der Glieder der homologen Reihe der Alkansäuren nimmt mit steigender Länge der Alkyl-Gruppe ihrer Moleküle in polaren Lösungsmitteln wie Wasser ab, die Siedetemperatur nimmt zu. Die abnehmende Wasserlöslichkeit ist auf die zunehmende Länge der Alkyl-Gruppe in den Molekülen und die damit verbundenen zunehmenden Van-der-Waals-Kräfte zurückzuführen. Diese sind auch die Ursache für die zunehmenden Siedetemperaturen innerhalb dieser homologen Reihe.

A3

a) Reine Essigsäure (Eisessig) besteht nur aus Essigsäure-Molekülen. Reine Essigsäure verbrennt deshalb (Oxidation mit Luftsauerstoff) zu Kohlenstoffdioxid und Wasser. Essigessenz ist eine wässrige Lösung von Essigsäure, deren Wassergehalt zu hoch ist, um eine Verbrennung zu ermöglichen.

b) Reaktionsgleichung für die Verbrennung von reiner Essigsäure:
$CH_3COOH\ (s) + 2\ O_2\ (g) \longrightarrow 2\ CO_2\ (g) + 2\ H_2O\ (g)$

A4

Für die Leitung des elektrischen Stroms müssen frei bewegliche Ladungsträger vorhanden sein. In reiner Essigsäure liegen (kaum) frei bewegliche Ladungsträger (hier Ionen) vor. Speiseessig ist eine wässrige Lösung von Essigsäure, in der Essigsäure-Moleküle jeweils ein Proton an Wasser-Moleküle abgeben. Dabei entstehen Kationen (Oxonium-Ionen H_3O^+) und Anionen (Acetat-Ionen CH_3COO^-), die den Strom leiten können:
$CH_3COOH\ (l) + H_2O\ (l) \longrightarrow CH_3COO^-\ (aq) + H_3O^+\ (aq)$

ZUM ÜBEN UND WEITERDENKEN

A5

Hinweis: Korrektur zur 1. Auflage, Druck 2017: Der zweite Satz der Aufgabenstellung muss richtig lautet: *Im Unterschied zu Ethansäure bildet sich bei der TOLLENS-Probe mit Methansäure ein Silberspiegel.*

Die LEWIS-Strukturformel für ein Methansäure-Molekül kann so geschrieben werden, dass deutlich wird, dass sie als funktionelle Gruppe ein Aldehyd-Gruppe vorliegt. Methansäure reagiert daher nicht nur als Säure, sondern auch als Aldehyd. Die TOLLENS-Probe ist ein Test auf Aldehyde. Bei ihr bildet sich bei Vorliegen eines Aldehyds ein Silberspiegel, da Aldehyde als Reduktionsmittel wirken und die Silber-Kationen aus dem TOLLENS-Reagenz reduzieren. In Ethansäure-Molekülen ist keine Aldehyd-Gruppe vorhanden, Ethansäure ist kein Aldehyd und reagiert somit nicht mit TOLLENS-Reagenz.

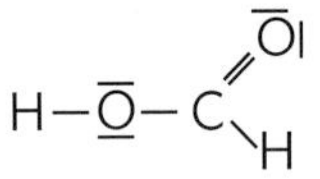

LEWIS-Strukturformel Methansäure

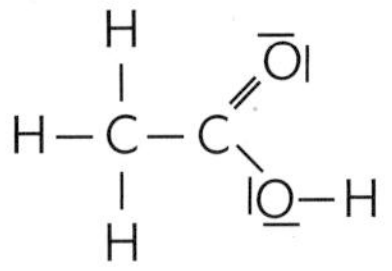

LEWIS-Strukturformel Ethansäure

A6

1. Zugabe von Universalindikatorlösung: Methansäure und Ethansäure wirken als Säure, Ethanol nicht, daher ist bei der Methansäure- und der Ethansäurelösung eine Rotfärbung zu erwarten, bei Ethanol sollte die Lösung weiterhin grün und damit identifiziert sein.
2. TOLLENS-Probe: Mit der TOLLENS-Probe werden Aldehyde durch Bildung eines Silberspiegels nachgewiesen. Von den drei zu prüfenden Verbindungen wirkt nur Methansäure als Aldehyd, somit ist nur mit Methansäure ein Silberspiegel zu erwarten, Methansäure ist durch diesen identifiziert. Durch die Identifizierung von Methansäure und Ethanol kann im Ausschlussverfahren auf die Ethansäure geschlossen werden.

A7

a) Reaktionsgleichung für die Reaktion von Essigsäure mit Natrium zu Natriumacetat:
$2\ CH_3COOH\ (l) + 2\ Na\ (s) \longrightarrow 2\ CH_3COONa\ (s) + H_2\ (g)$

b) In einem Handwärmer auf Natriumacetatbasis befindet sich Natriumacetat-Trihydrat $CH_3COONa \cdot 3\ H_2O\ (s)$. Natriumacetat bildet in Natriumacetat-Trihydrat bildet ein Ionengitter, in das Wasser-Moleküle eingelagert sind. Die Wasser-Moleküle bilden quasi ein Molekülgitter im Ionengitter. Die Anzahl der Wasser-Moleküle pro Formeleinheit ist dabei genau mit drei definiert. Natriumacetat-Trihydrat ist sehr leicht löslich, gibt beim Erhitzen sein Kristallwasser ab und löst sich dann in diesem Wasser. Beim Abkühlen ist es dann zunächst nicht kristallisiert, sondern hat eine unterkühlte Schmelze gebildet. Erst nach Zugabe eines Impfkristalls oder durch ein Knacken eines Metallplättchens beginnt die Kristallisation. Der Kristallisationsvorgang ist exotherm und verläuft somit unter Wärmeabgabe:
$CH_3COO^-\ (aq) + Na^+\ (aq) + 3\ H_2O\ (l) \longrightarrow CH_3COONa \cdot 3\ H_2O\ (s)$ | exotherm

A8

Alkoholhaltige Flüssigkeiten wie Wein und Bier oder zuckerhaltige Flüssigkeiten wie Traubensaft und Apfelmost oder auch Früchte dienen als Grundlage für die Essigherstellung. Überwiegend jedoch wird Essig aus verdünntem, reinem, destilliertem Alkohol (Destillat) hergestellt. Aus destilliertem Alkohol gewonnener Essig wird Branntweinessig genannt. Aus Früchten, Säften oder Molke (der Restflüssigkeit, die bei der Käseherstellung entsteht) wird zunächst mithilfe von Hefen Alkohol hergestellt, der dann mit Essigsäurebakterien zur Essigsäure vergoren (Fermentation) wird. Verdünnte Destillate, Wein oder Bier lassen sich direkt mit Essigsäurebakterien zu Essigsäure vergären (Fermentation). Die auf diesen verschiedenen Wegen erhaltenen Essigsäuregemische werden zunächst filtriert und anschließend pasteurisiert (kurzzeitige Erwärmung von flüssigen Lebensmitteln auf Temperaturen von mindestens 60 °C zur Haltbarmachung). Anschließend erfolgt die Abfüllung in Flaschen.

A9 Reaktionsgleichungen von Oxalsäure, Citronensäure, Äpfelsäure und Weinsäure mit Natrium sowie Benennung des jeweiligen Carbonsäuresalzes:

Oxalsäure + Natrium ⟶ Natriumoxalat + Wasserstoff

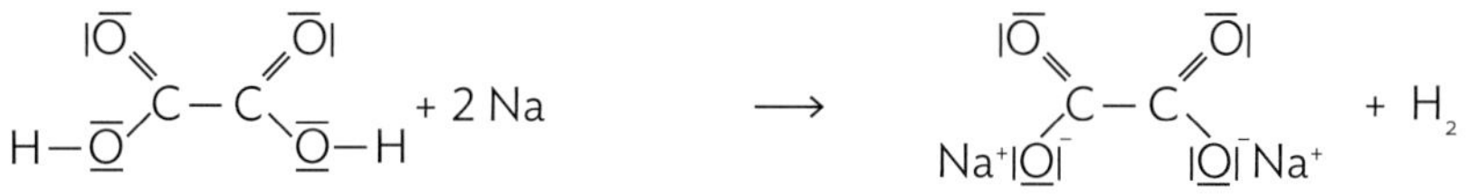

Citronensäure + Natrium ⟶ Natriumcitrat + Wasserstoff

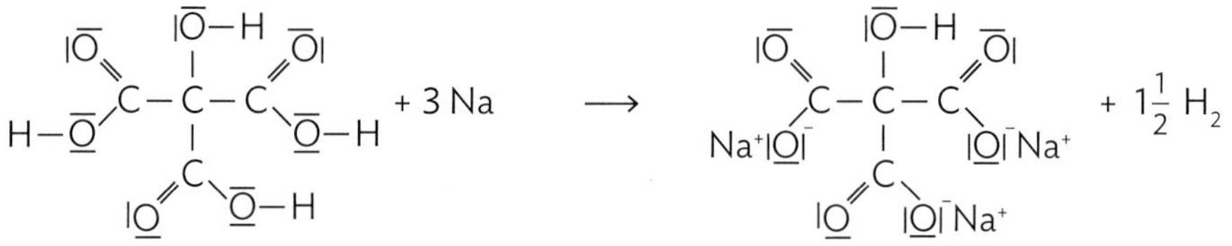

Apfelsäure + Natrium ⟶ Natriummalat + Wasserstoff

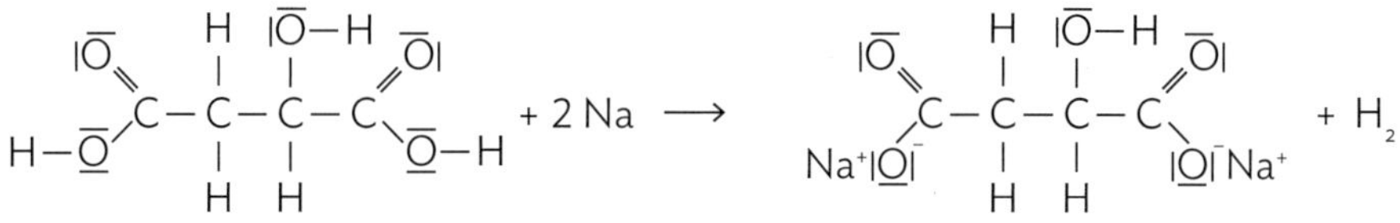

Weinsäure + Natrium ⟶ Natriumtartrat + Wasserstoff

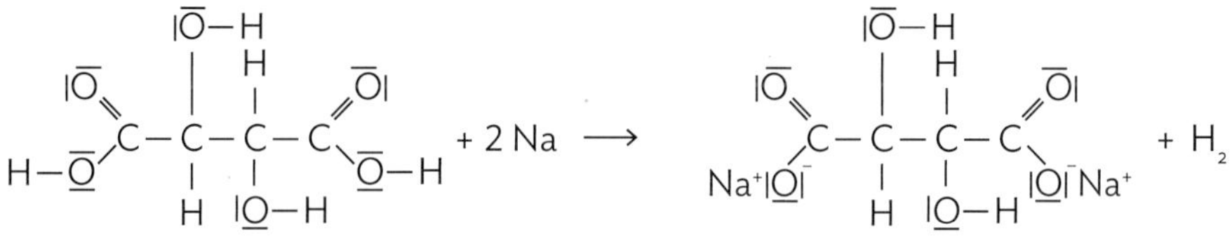

A10 **a)** Halbstrukturformel von Octadecansäure:

CH_3-CH_2-CH_2-CH_2-CH_2-CH_2-CH_2-CH_2-CH_2-CH_2-CH_2-CH_2-CH_2-CH_2-CH_2-CH_2-CH_2-COOH

b) Skelettformel von Octadecansäure:

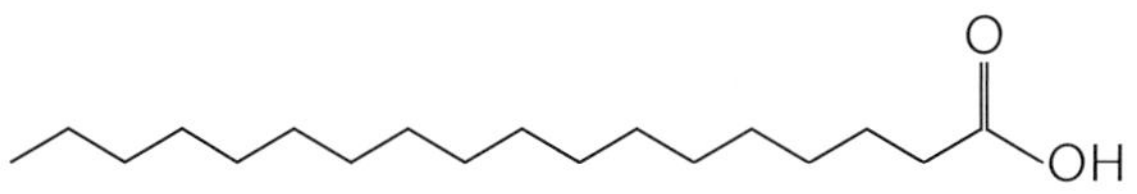

ZUM ÜBEN UND WEITERDENKEN

A11 **a)** Halbstrukturformel von Octadec-9-ensäure:

CH_3-CH_2-CH_2-CH_2-CH_2-CH_2-CH_2-CH_2-CH=CH-CH_2-CH_2-CH_2-CH_2-CH_2-CH_2-CH_2-COOH

b) Skelettformel von Octadec-9-ensäure:

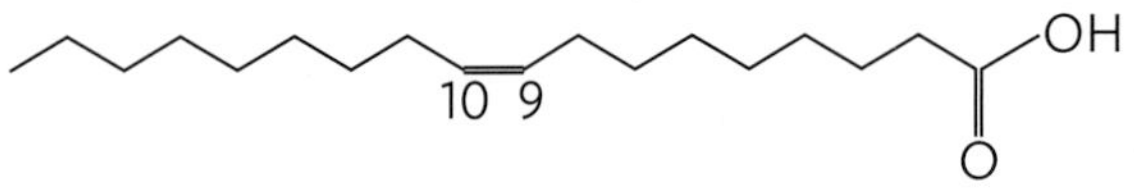

A12 **a)** LEWIS-Strukturformel für ein Glycin-Molekül:

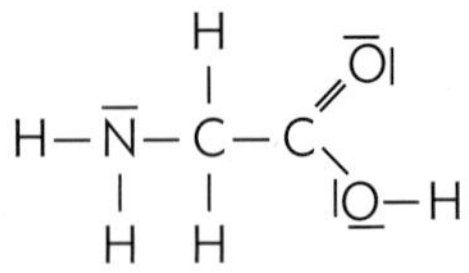

b) Der Name für Glycin nach den IUPAC-Nomenklaturregeln ist Aminoethansäure.

A13 **a)** Skelettformel für Phenylalanin:

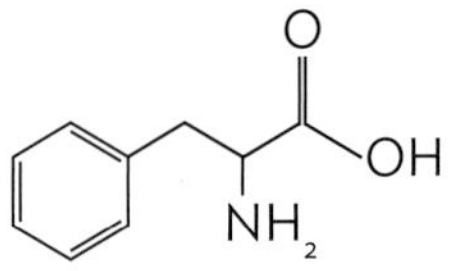

b) Offene Antwort. Folgende Ursachen und Auswirkungen sollten in etwa genannt werden:
Die Phenylketonurie (PKU) ist eine Erkrankung, bei der der Eiweißstoffwechsel gestört ist. Die Ursache dafür ist eine Veränderung in den Erbanlagen (eine Genveränderung).
Bei der PKU spielt ein Enzym mit dem Namen Phenylalaninhydroxylase (PAH) eine entscheidene Rolle. Enzyme sind Proteine, die der Organismus gewissermaßen als Werkzeug nutzt, um Stoffe ab- und umzubauen. Normalerweise baut das Enzym PAH eine bestimmte Aminosäure zu einer anderen Aminosäure ab. Bei gesunden Menschen entsteht mithilfe des Enzyms PAH aus der Aminosäure Phenylalanin die Aminosäure Tyrosin. Bei Menschen, die unter Phenylketonurie leiden, funktioniert dieser Stoffwechselweg nicht wie er sollte. Der Körper kann die Aminosäure Phenylalanin nicht ausreichend abbauen. Sie reichert sich an. Mögliche Folge sind ernste Schäden, vor allem im Gehirn. Andererseits fehlt dem Körper die Aminosäure Tyrosin, denn sie wird nicht ausreichend hergestellt. Sie ist Bestandteil vieler wichtiger Botenstoffe, unter anderem der Schilddrüsenhormone.
Menschen mit PKU müssen daher eine strikte Diät einhalten. Da sie Phenylalanin nicht abbauen können, dürfen sie nur wenig Phenylalanin aufnehmen. Das Tyrosin, das der Körper normalerweise aus Phenylalanin bildet, muss dagegen ergänzt werden.

A14 **a)** Aminosäuren bzw. Aminosäure-Moleküle sind vor allem als Grundbausteine für Proteine von Bedeutung. Als *essenzielle Aminosäuren* bezeichnet man die Aminosäuren, die für den menschlichen Körper lebensnotwendig sind, aber von ihm nicht gebildet werden können. Die acht essenziellen Aminosäuren müssen daher über die Nahrung aufgenommen werden. Zu den *semi-essenziellen Aminosäuren* zählt man Aminosäuren, die bedingt lebensnotwendig sind und im Körper aus anderen Aminosäuren entstehen können. *Nicht-essenzielle Aminosäuren* sind die Aminosäuren, die der menschliche Körper selbst bilden kann.

b) Aminosäuren werden in essenzielle, semi-essenzielle und nicht-essenzielle Aminosäuren (**B5**, Schulbuchseite 159) danach eingeteilt, ob der menschlichen Körpers fähig ist, eine Aminosäure selbst zu bilden und somit für die Bildung von Proteinen bereitzustellen.

c) Insgesamt gibt es 20 Aminosäuren, die für den Proteinaufbau lebensnotwendig sind.
Essenzielle Aminosäuren sind z. B. Leucin CH_3-$CHCH_3$-CH_2-$CHNH_2$-$COOH$ (2-Amino-4-methylpentansäure $C_6H_{13}NO_2$) und Methionin CH_3-S-CH_2-CH_2-$CHNH_2$-$COOH$ (2-Amino-4-methylsulfanylbutansäure $C_5H_{11}NO_2S$). (Die weiteren essenziellen Aminosäuren sind Isoleucin, Lysin, Phenylalanin, Threonin, Tryptophan und Valin.)
Semi-essenzielle Aminosäuren sind z. B. Cystein SH-CH_2-$CHNH_2$-$COOH$ (2-Amino-3-sulfanylpropansäure $C_3H_7NO_2S$) und Tyrosin OH-C_6H_4-CH_2-$CHNH_2$-$COOH$ (2-Amino-3-(4-hydroxyphenyl)-propansäure $C_9H_{11}NO_3$).
Zwei Beispiele für nicht-essentielle Aminosäuren sind Alanin CH_3-$CHNH_2$-$COOH$ (2-Aminopropansäure $C_3H_7NO_2$) und Asparaginsäure HOOC-CH_2-$CHNH_2$-$COOH$ (2-Aminobutandisäure $C_4H_7NO_4$).

d) Phenylalanin gehört zu den essentiellen Aminosäuren.

ZUM ÜBEN UND WEITERDENKEN

M1 Eisessig — Schulbuchseite 160

A1 Reine Essigsäure (Ethansäure) ist eine klare, farblose Flüssigkeit, die bei 17 °C zu einem eisartigen Feststoff aus regelmäßigen Kristallen erstarrt und deswegen „Eisessig" genannt wird. Ihre Siedetemperatur liegt bei 118 °C.

Diese hohe Siedetemperatur lässt sich durch die Bildung von Dimeren erklären: Ein Essigsäure-Molekül bildet dabei über die Carboxy-Gruppe zwei Wasserstoffbrückenbindungen zur Carboxy-Gruppe eines zweiten Essigsäure-Moleküls aus. Diese Dimere verhalten sich wie ein Molekül mit doppelter molarer Masse, sodass für den Übergang in den gasförmigen Zustand ein höherer Energiebetrag notwendig ist (hohe Siedetemperatur).

Die Dimer-Moleküle sind sehr regelmäßig aufgebaut, zwischen verschiedenen Dimer-Molekülen können sich somit effektive zwischenmolekulare Wechselwirkungen ausbilden, die das regelmäßige Kristallgitter von fester Essigsäure bedingen.

A2

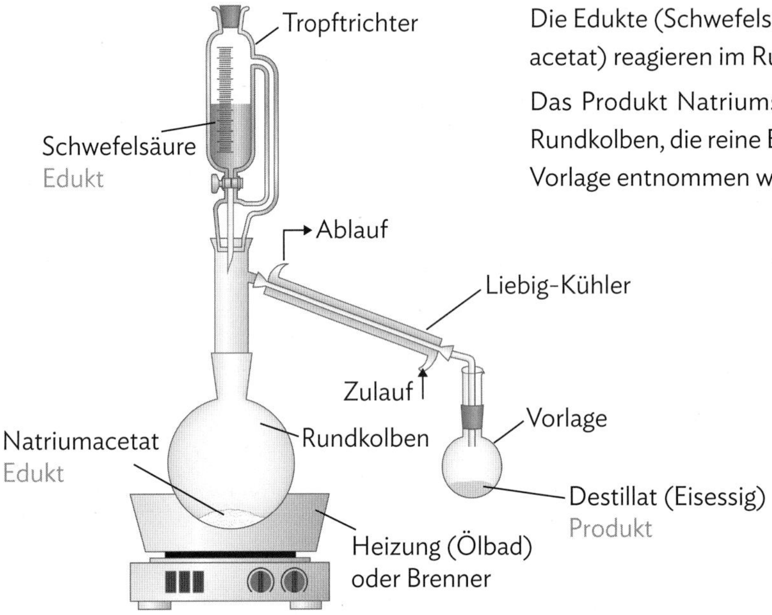

Die Edukte (Schwefelsäure und Natriumacetat) reagieren im Rundkolben.

Das Produkt Natriumsulfat verbleibt im Rundkolben, die reine Essigsäure kann der Vorlage entnommen werden.

A3 Reaktionsgleichung für die Herstellung konzentrierter Essigsäure im Labor:

$2\,NaCH_3COO\,(s) + H_2SO_4\,(l) \longrightarrow 2\,CH_3COOH\,(l) + Na_2SO_4\,(s)$

Reaktionsgleichung für die Herstellung konzentrierter Essigsäure in der Industrie:

$CH_3OH\,(l) + CO\,(g) \longrightarrow CH_3COOH\,(l)$

A4

a) Reaktionsgleichung für die Reaktion von reiner Essigsäure mit Wasser:

$2\,CH_3COOH\,(s) + 2\,H_2O\,(l) \longrightarrow 2\,CH_3COO^-\,(aq) + 2\,H_3O^+\,(aq)$

b) In reiner Essigsäure liegen die Essigsäure-Moleküle als Dimere vor, in denen die Wasserstoff-Atome der Carboxy-Gruppen durch starke Wasserstoffbrückenbindungen fixiert sind. Beim Lösen von reiner Essigsäure in Wasser, reagieren die Dimer-Moleküle mit Wasser-Molekülen (vgl. Gleichung unter a) unter Abgabe von je einem Proton pro Essigsäure-Molekül an ein Wasser-Molekül unter Bildung von Oxonium-Ionen H_3O^+. Diese bewirken das Absinken des *p*H-Werts beim Verdünnen von reiner Essigsäure in Wasser.

M2 Ascorbinsäure schützt Äpfel vor dem Rosten

Schulbuchseite 161

A1 Im Internetforum wird zur Verhinderung des Braunwerdens von Äpfeln die Behandlung mit „säurehaltigen" Säften (Orangensaft, Limettensaft, Maracujasaft), mit Essigwasser sowie mit Salzwasser diskutiert. Beträufelt man angeschnittene Äpfel (die sich unbehandelt braun färben) mit den genannten Flüssigkeiten, kann man folgende Beobachtungen machen:

- mit Zitronen-, Limetten-, Maracuja- und Orangensaft: höchstens geringe Braunfärbung
- mit Essig: Braunfärbung
- mit Salzwasser: geringe Braunfärbung

Die Formulierung der Antwort auf die Forumsbeiträge fällt individuell aus. Sie sollte die Beobachtungen enthalten, dass die getesteten Fruchtsäfte sowie Salzwasser zur Verhinderung des Braunwerdens geeignet sind, Essig dagegen nicht. Zudem sollte in der Antwort darauf hingewiesen werden, dass das Braunwerden ein Zeichen für eine Oxidation (durch Luftsauerstoff) der Farbstoffe im Apfel sind. Der Verfärbung kann entgegen gewirkt werden, indem man das Obst mit einem Stoff behandelt, der die Oxidation der Farbstoffe verhindert. Dies ist zum Beispiel Ascorbinsäure (Vitamin C), die die Oxidation verhindert, indem sie selbst durch den Luftsauerstoff oxidiert wird (Ascorbinsäure ist ein Antioxidationsmittel). Auch eine Salzwasserlösung schützt das Obst vor dem Sauerstoff aus der Luft und somit der Oxidation. Nicht entscheidend für die Verhinderung einer Verfärbung sind hingegen die Säureeigenschaften eines Stoffes, daher schützt zum Beispiel Essigsäure nicht vor dem Braunwerden.

A2 Reaktionsgleichungen für die Reaktion von Ascorbinsäure mit Wasser
Abspaltung des ersten Protons vom Ascorbinsäure-Moleküls:
$C_6H_8O_6\,(s) + H_2O\,(l) \longrightarrow C_6H_7O_6^-\,(aq) + H_3O^+\,(aq)$

Ascorbinsäure + Wasser ⟶ Ascorbat-Anion + Oxonium-Ion

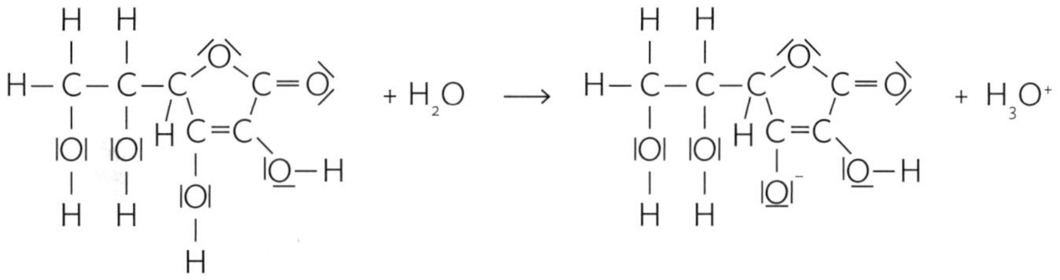

Abspaltung des zweiten Protons vom Ascorbinsäure-Molekül:
$C_6H_7O_6^-\,(aq) + H_2O\,(l) \longrightarrow C_6H_6O_6^{2-}\,(aq) + H_3O^+\,(aq)$

A3 Die Braunfärbung basiert auf der enzymkatalysierten Oxidation der im Apfel enthaltenen Farbstoffe. Diese verändern ihre farbigen Eigenschaften von Gelborange nach Braun, ähnlich der Farbe von Rost. Zudem versteht man unter „Rosten" in der Regel die Oxidation von Eisen durch Luftsauerstoff in Gegenwart von Wasser. Somit wird hier mit dem „Rosten" eines angeschnittenen Apfels sowohl hinsichtlich der Verfärbung als auch in Bezug auf die ablaufende Reaktion eine Verbindung zum Rosten von Eisen hergestellt.

VERSUCHE UND MATERIAL

V AUSWERTUNG

Schulbuchseite 170

V1

a)

	Geruch vor der Reaktion	Geruch nach der Reaktion
a)	stechender Geruch (nach Essig)	Geruch nach Lösemittel
b)	unangenehmer Geruch	Geruch nach Apfel
c)	stechender Geruch (nach Essig)	Geruch nach Lösemittel
d)	sehr unangenehmer Geruch	Geruch nach Ananas

b) In dem Messzylinder ist die Bildung von zwei Phasen zu beobachten.

c) Ethansäure und Ethanol sind in Wasser sehr gut löslich; Butan-1-ol und Butansäure sind schlechter löslich in Wasser als Ethansäure und als Ethanol, aber besser als Pentansäure. Pentan-1-ol ist dagegen schlechter wasserlöslich als Pentansäure.

d) Alle Reaktionsprodukte der Reaktionsgemische einer Carbonsäure mit einem Alkohol aus **V1** sind in Wasser schlecht bzw. nicht löslich. Die wasserlöslichen Edukte müssen jeweils zu einem wasserunlöslichen Produkt reagiert haben, da sich mit Wasser zwei Phasen bilden **(V1a)**. Alle Reaktionsprodukte haben einen typischen Geruch und sind farblose Flüssigkeiten.

VERSUCHE UND MATERIAL

V AUSWERTUNG

Schulbuchseite 171

V2
V3
V4

a) Aus dem Vergleich der Geruchsprobe des Produkts aus **V1a)** mit der von Ethansäureethylester **(V2)** sowie aus dem Vergleich der Wirkung des Produkts aus **V1a)** mit der von Ethansäureethylester auf den getrockneten Klebstoff **(V3)** kann geschlossen werden, dass sich bei der Reaktion von Ethansäure und Ethanol Ethansäureethylester gebildet hat.

b) Ethansäureethylester wird in Klebstoffen als unpolares Lösungsmittel für im Klebstoff enthaltene unpolare Stoffe (z. B. Kunststoffe) verwendet. Da Ethansäureethylester wegen der schwachen zwischenmolekularen Wechselwirkungen (Dipol-Dipol-Wechselwirkungen) eine niedrige Siedetemperatur hat, verdunstet der Ester rasch, der Kunststoff des Klebers bleibt übrig und verbindet die zu verklebenden Flächen.

c)

Stoff	Lösungsmittel	Beobachtung vor dem Versuch	Beobachtung nach dem Versuch
Natriumchlorid	Wasser	fester, weißer Stoff und farblose Flüssigkeit	eine Phase, farblose Flüssigkeit
Wachs	Wasser	fester, weißer Stoff und farblose Flüssigkeit	weißer Stoff in Flüssigkeit
Fett (Öl)	Wasser	gelbliche, zähflüssige Flüssigkeit und farblose Flüssigkeit	zwei Phasen, oben gelblich, unten farblos
Natriumchlorid	Ethansäureethylester	fester, weißer Stoff und farblose Flüssigkeit	weißer Stoff in Flüssigkeit
Wachs	Ethansäureethylester	fester, weißer Stoff und farblose Flüssigkeit	eine Phase, leicht gelblich gefärbte Flüssigkeit
Fett (Öl)	Ethansäureethylester	gelbliche, zähflüssige Flüssigkeit und farblose Flüssigkeit	eine Phase, nahezu farblose Flüssigkeit

d) Die Ergebnisse aus **V4** zeigen, dass Ethansäureethylester in polaren Lösungsmitteln (Wasser) nicht löslich ist, dagegen unpolare Stoffe löst.
Die Halbstrukturformel für ein Essigsäureethylester-Molekül zeigt, dass Essigsäureethylester-Moleküle im Gegensatz zu Alkohol- und Carbonsäure-Molekülen keine stark polare Hydroxy-Gruppe als funktionelle Gruppe haben (die funktionelle Gruppe der Ester-Moleküle ist die Ester-Gruppe, die keine Hydroxy-Gruppe aufweist). Daher können die Ester-Moleküle keine Wasserstoffbrückenbindungen mit Wasser-Molekülen (stark polaren Lösungsmittel-Molekülen) eingehen und die Ester lösen sich nicht in Wasser. Wegen der unpolaren Alkyl-Gruppen in ihren Molekülen sind Ester dagegen in unpolaren Lösungsmitteln löslich (lösen unpolare Stoffe), mit deren Molekülen die Ester-Moleküle Van-der-Waals-Kräfte eingehen.

VERSUCHE UND MATERIAL

V AUSWERTUNG

Schulbuchseite 171

V5

a) Nach dem Stehenlassen von Ethansäureethylester und Wasser in einem geschlossenen Messzylinder hat sich die Phasengrenze nach oben verschoben, d. h. die obere Phase ist kleiner, die untere größer geworden.

b) Da die obere Phase aus Ethansäureethylester kleiner und die untere, wässrige Phase größer geworden ist, ist zu vermuten, dass Ethansäureethylester mit Wasser zu wasserlöslichen Produkten reagiert.

c) Als eines der wasserlöslichen Produkte, die sich bei der Reaktion von Ethansäureethylester in **V5** bilden könnten, ist Ethansäure zu vermuten, da Ethansäureethylester aus Ethansäure und Ethanol gebildet werden kann (vgl. **V1 a**). Ethansäure wirkt als Säure und ist damit für das Absinken des *p*H-Werts der unteren Phase verantwortlich.

ERARBEITUNG

A AUFGABEN
Schulbuchseite 173

A1 Reaktionsgleichungen die Reaktion von

a) Ethansäure und Butan-1-ol zu Ethansäurebutylester:
CH_3COOH (l) + C_4H_9OH (l) ⟶ $CH_3COOC_4H_9$ (l) + H_2O (l)

b) Methansäure und Pentan-1-ol zu Methansäurepentylester:
$HCOOH$ (l) + $C_5H_{11}OH$ (l) ⟶ $HCOOC_5H_{11}$ (l) + H_2O (l)

c) Butansäure und Propan-1-ol zu Butansäurepropylester:
C_3H_7COOH (l) + C_3H_7OH (l) ⟶ $C_3H_7COOC_3H_7$ (l) + H_2O (l)

A2 *Hinweis:* In der Auflage, 1. Druck 2017, ist in **B6** auf Schulbuchseite 173 die molare Masse von Butanol falsch mit 88 g/mol angegeben. Die molare Masse von Butanol ist richtig $M(C_4H_9OH)$ = 74 g/mol.

Die höchste Siedetemperatur der drei Stoffe in **B6** hat Butansäure C_3H_7COOH aufgrund der Wasserstoffbrückenbindungen, die sich zwischen den Carboxy-Gruppen der Butansäure-Moleküle ausbilden können. Die Siedetemperatur von Butanol C_4H_9OH ist etwas niedriger. Zwar wirken zwischen den Hydroxy-Gruppen der Butanol-Moleküle ebenfalls Wasserstoffbrückenbindungen, aber die molare Masse von Butanol ist im Vergleich zu der von Butansäure geringer. Die niedrigste Siedetemperatur hat Ethansäureethylester $CH_3COOC_2H_5$, da sich zwischen den Ester-Gruppen der Ethansäureethylester-Molekülen keine Wasserstoffbrückenbindungen ausbilden können. Zwischen Ethansäureethylester-Molekülen wirken lediglich schwächere Dipol-Dipol-Wechselwirkungen. Daher ist deutlich weniger Energie nötig, um die zwischenmolekularen Anziehungskräfte zu überwinden, und die Siedetemperatur von Ethansäureethylester ist niedriger.

A3 Pentansäureethylester

CH_3-CH_2-CH_2-CH_2—CO—O—CH_2-CH_3

Butyl-Gruppe | Ethyl-Gruppe

Ethansäurepenthylester

CH_3—CO—O—CH_2-CH_2-CH_2-CH_2-CH_3

Methyl-Gruppe | Pentyl-Gruppe

Gemeinsamkeiten: Pentansäureethylester- und Ethansäurepentylester-Moleküle sind aus den gleichen Atomen in der gleichen Anzahl aufgebaut, haben also die gleiche Summenformel $C_7H_{14}O_2$. Die Moleküle beider Stoffe haben als funktionelle Gruppe die Ester-Gruppe und tragen zwei Alkyl-Gruppen.

Unterschiede: Pentansäureethylester- und Ethansäurepentylester-Moleküle unterscheiden sich in der Position der Ester-Gruppe, also in der Länge der beiden Alkyl-Gruppen. Im Pentansäureethylester-Molekül liegt eine Ethyl- und eine Butyl-Gruppe vor, im Ethansäurepentylester-Molekül eine Methyl- und eine Pentyl-Gruppe.

A AUFGABEN
Schulbuchseite 174

A1 Reaktionsgleichung zweier Glycin-Moleküle:

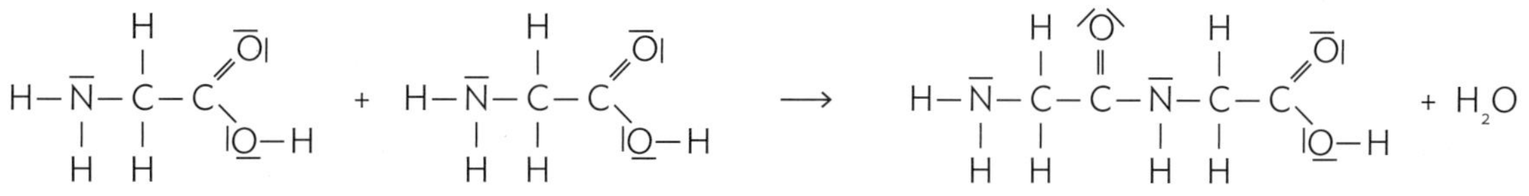

EXKURS > Acetylsalicylsäure

A AUFGABEN Schulbuchseite 175

A1 Salicylalkohol wird in der Leber zur Salicylsäure oxidiert. Salicylalkohol entsteht zuvor im Darm aus Salicin, einem Glucosid von Salicylalkohol, durch Abspaltung von Glucose.
Bei der Oxidation von Salicylalkohol reagiert die primäre Hydroxy-Gruppe der Methoxy-Gruppe in den Salicylalkohol-Molekülen zur Carboxy-Gruppe. Die an den Phenol-Ring der Moleküle gebundene Hydroxy-Gruppe reagiert nicht, analog zu der in den Moleküle tertiärer Alkoholen.

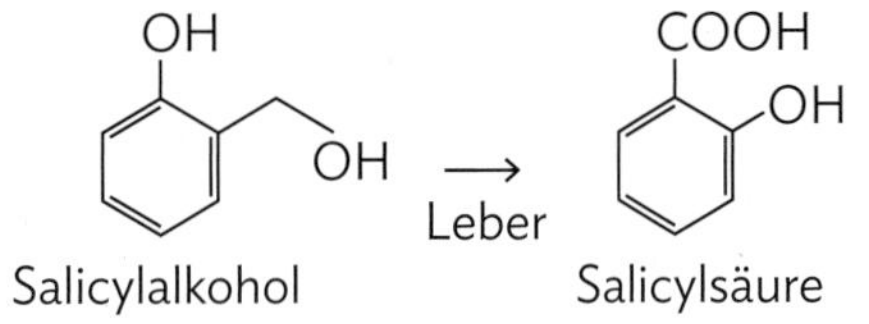

A2 *Hinweis:* In der Auflage, 1. Druck 2017, ist auf Schulbuchseite 175 Aufgabe **A2** falsch mit **A1** gekennzeichnet.
Der Geruch nach Essig ist ein Hinweis darauf, dass sich beim Stehenlassen von Acetylsalicylsäure an Luft Essigsäure gebildet haben muss. Acetylsalicylsäure hat mit Wasser (Luftfeuchtigkeit) reagiert, sie ist zu Salicylsäure und Essigsäure hydrolysiert:

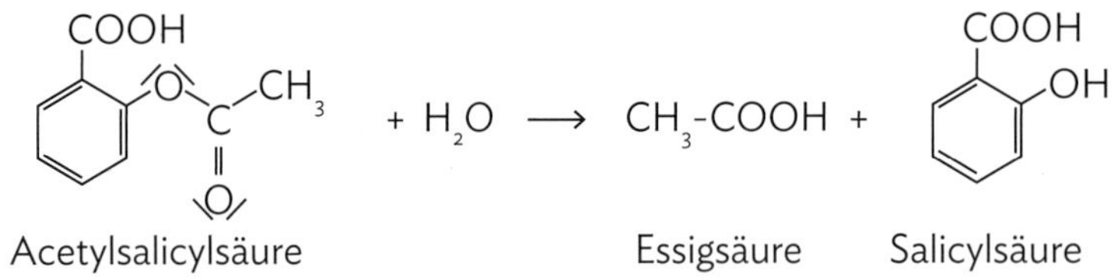

Diese Hydrolyse ist die Umkehrung der Bildung der Acetylsalicylsäure, die eine Veresterung von Salicylsäure mit Essigsäure ist.
Da die entstandene Salicylsäure schlecht verträglich ist, sollten die Tabletten nicht mehr eingenommen werden.

A3 *Hinweise:* a) In der Auflage, 1. Druck 2017, ist auf Schulbuchseite 175 Aufgabe **A3** falsch mit **A1** gekennzeichnet. b) In der Auflage, 1. Druck 2017, ist auf Schulbuchseite 175 in **B1** die Formel von Acetylsalicylsäure abgeschnitten. Die Darstellung ist wie folgt:

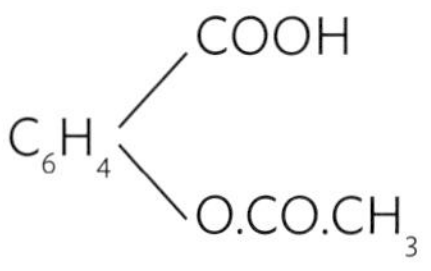

Die Darstellung in **B2** gibt einen guten Überblick über die Struktur und die funktionellen Gruppen eines Acetylsalicylsäure-Moleküls. Es wird eine mesomere Grenzform eines Benzol-Moleküls angegeben, an das eine Carboxy-Gruppe und am benachbarten Kohlenstoff-Atom des Rings eine Essigsäureester-Gruppe gebunden ist.
(*Hinweis:* Schülerinnen und Schülern ist zu diesem Zeitpunkt das Benzol-Molekül noch unbekannt. Die Darstellung des Strukturelements aus **B2** wurde im Buch aber bereits im Zusammenhang mit den Stoffen Saccharin, Vanillin und Phenylalanin verwendet.)
Die Darstellung in **B1** gibt den Benzol-Ring des Acetylsalicylsäure-Moleküls anhand einer Summenformel C_6H_4 wieder und kennzeichnet verbunden über Einfachbindungen die Carboxy-Gruppe als -COOH wie in **B2** und die Essigsäureester-Gruppe durch die Notation $-O.CO.CH_3$. Die Verwendung der Punkte ist heutzutage eher ungewöhnlich. Ungünstig ist zudem die Platzierung der Einfachbindungen, die von den Wasserstoff-Atomen auszugehen scheinen. Es wird in **B1** nicht deutlich, an welchen Stellen im Molekül die Carboxy-Gruppe und die Essigsäureester-Gruppe gebunden sind.

VERSUCHE UND MATERIAL

V AUSWERTUNG
Schulbuchseite 176

V1
V2
V3

a) Nach dem Trocknen bleibt auf dem Filterpapier, auf das Öl in Heptan getropft wurde, ein „Fettfleck" zurück, auf dem Filterpapier, auf das Heptan getropft wurde, ist kein Fleck zu erkennen. „Fettflecken" sehen sehr charakteristisch aus und sind eindeutig zu beschreiben. Sie geben daher relativ sichere Hinweise auf das Vorhandensein von Fetten, sodass dieser Versuch als Nachweis für Fette gut geeignet ist.

b) Auf allen drei Filterpapieren bleiben „Fettflecken" zurück. Die in den Kernen vorhandenen Fette werden mit Heptan aus den Kernen extrahiert und dann durch Filtration vom Lösungsmittel Heptan getrennt.

c) Fette sind unpolare Stoffe und können daher sehr gut in einem unpolaren Lösungsmittel wie Heptan gelöst werden.

d) Die Lösung in dem Reagenzglas, in dem sich die Möhrenraspel in Wasser befinden, ist farblos, die Lösung in dem Reagenzglas, in dem die Möhrenraspel in Speiseöl vorliegen, ist leicht rötlich.

e) Das Öl löst die wichtigen Farbstoffe der Möhren (extrahiert diese aus den Möhren; vgl. **V3** und Auswertung **d**). Dadurch werden diese Farbstoffe für den Körper verfügbar gemacht.

V AUSWERTUNG
Schulbuchseite 177

LV4

a) Das Wasser verdampft explosionsartig. Eine große Stichflamme ist zu beobachten.

b) Da Wasser eine höhere Dichte als Öl hat, kommt es unter dem Öl zu liegen. Das Wasser verdampft dann in der Hitze des brennenden Öls explosionsartig und reißt dabei das Öl mit in die Höhe und Breite.

c) Fettbrände dürfen niemals mit Wasser gelöscht werden. Ein Fettbrand sollte stattdessen abgedeckt werden, z. B. mit einer Decke.

V AUSWERTUNG
Schulbuchseite 177

LV5

Backfett, Frittierfett, Sonnenblumenöl, Rapsöl und Joghurt werden mit Bromwasser auf das Vorhandensein von ungesättigten Fettsäure-Resten in den Molekülen getestet. Ein Entfärben der bräunlichen Lösung deutet auf das Vorliegen von ungesättigten Fettsäure-Resten in den Molekülen der Fettprobe hin (vgl. **FM**, Schulbuchseite 177). Die hier untersuchten Proben entfärben sich unterschiedlich stark (je nach konkretem Produkt), danach enthalten die getesteten Fette unterschiedliche Mengen gesättigter bzw. ungesättigter Fettsäure-Reste in ihren Molekülen. Generell lässt sich sagen, dass tierische Fette (Butter, Joghurt) sowie auch Kokosfett einen höheren Anteil an gesättigten Fettsäure-Resten in ihren Molekülen haben als pflanzliche Fette / Öle.

ERARBEITUNG

A AUFGABEN

Schulbuchseite 179

A1 Offene Antwort. Beispielhaft werden hier vier ungesättigte Fettsäuren genannt:

Ölsäure $C_{18}H_{34}O_2$; (Z)-Octadec-9-ensäure:

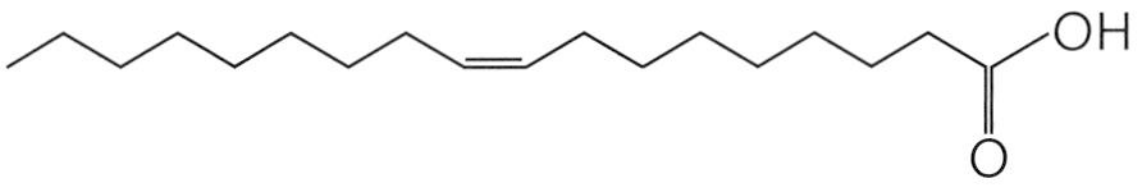

Linolsäure $C_{18}H_{32}O_2$; (Z,Z)-Octadeca-9,12-diensäure:

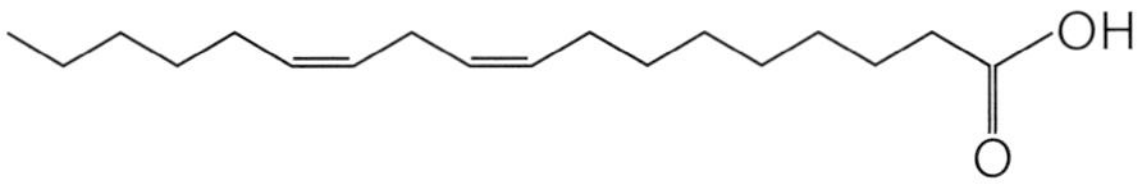

Linolensäure $C_{18}H_{30}O_2$; (Z,Z,Z)-Octadeca-9,12,15-triensäure:

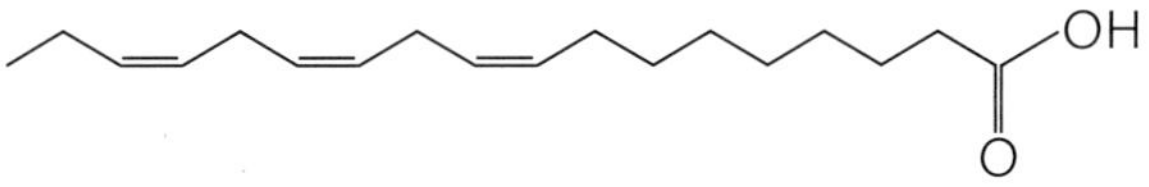

Arachidonsäure $C_{20}H_{32}O_2$; (Z,Z,Z,Z)-Eicosa-5,8,11,14-tetraensäure:

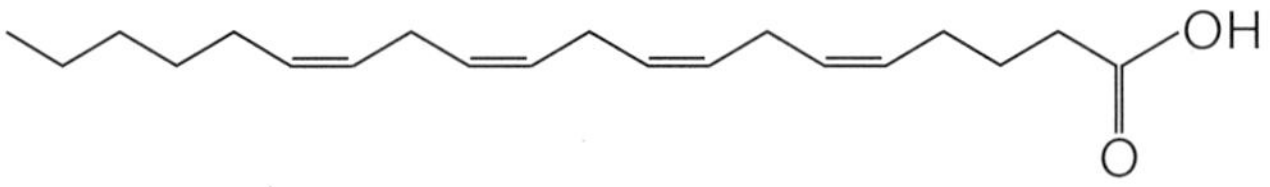

A2 Offene Antwort. Beispielhaft werden hier vier Omega-3-Fettsäuren genannt:

Name	Skelettformel	Vorkommen
α-Linolensäure	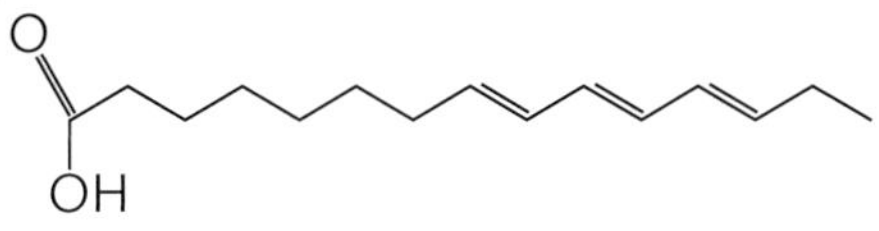	pflanzliche Öle (iberischer Drachenkopf, Chia, Lein, Hanf, Raps)
Eicosatriensäure	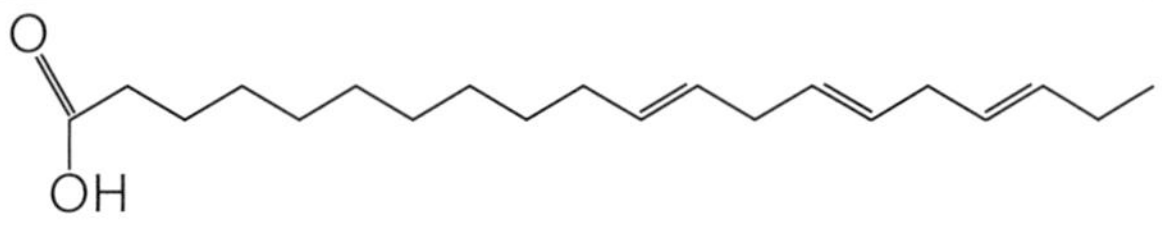	Koniferen, Algen
Eicosapentaensäure	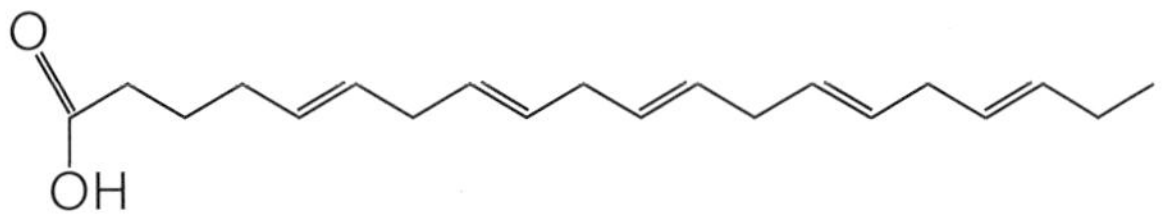	fette Seefische (Lachs, Hering)
Docosahexaensäure	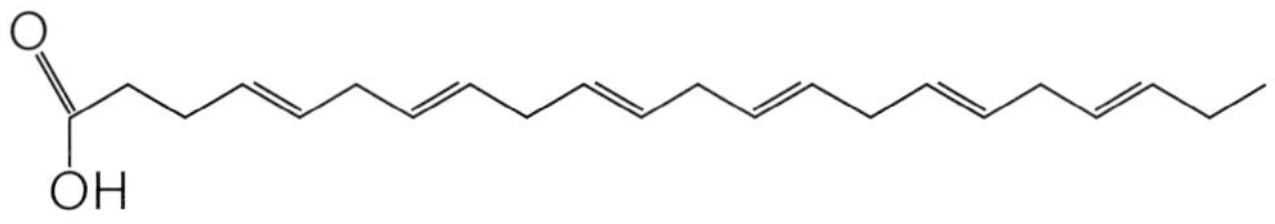	Algen, fette Seefische (Lachs, Hering)

A3 Allgemein kann gesagt werden, dass ein Fett umso flüssiger ist, je höher der Anteil ungesättigter Fettsäure-Reste in dem Fett ist. Grund dafür ist, dass sich Van-der-Waals-Kräfte zwischen den linearen gesättigten Fettsäure-Resten besser ausbilden können (vgl. **B3**, Schulbuchseite 179) als zwischen den gewinkelten ungesättigten Fettsäure-Resten. Daher sind die zwischenmolekularen Anziehungskräfte bei Fetten mit einem hohen Anteil an gesättigten Fettsäure-Resten stärker und die Fette fester.

ARBEITSMETHODE: Schaubilder verstehen und beschreiben

A AUFGABEN Schulbuchseite 181

A1 Offene Antwort. Diese könnte in etwa wie folgt aussehen.

Vor dem Lesen

Der Titel des Schaubildes ist: „Teller – Tank“: „Ohne Bioenergie hätten wir nicht mehr, sondern weniger auf dem Teller“.

Der Anlass war laut Überschrift der Welternährungstag.

Das Schaubild stellt die Bedeutung von Rapsanbau und –nutzung dar.

Die Leserichtung wird durch eine Nummerierung (1. bis 5.) vorgegeben.

Abbildungen, Säulendiagramme und ein Kreisdiagramm verdeutlichen die Bedeutung von Raps und Rapsprodukten.

Während des Lesens

1. *Die Nachfrage nach Biodiesel bestimmt den Anbau von Raps*
   Aus dem linken Säulendiagramm geht hervor, dass die Produktion von Biodiesel aus Raps innerhalb von 12 Jahren um 2,06 Mio. t gestiegen ist.
   Im gleichen Zeitraum wuchs parallel dazu die Rapsschrotproduktion um 2,74 Mio. t. Rapsschrot besteht aus grob zerkleinerten Rapssamen, aus denen das Rapsöl herausgepresst wurde.
2. *Bestandteile des Rapssamens und deren Nutzung*
   Aus dem Kreisdiagramm lässt sich ableiten, dass Rapssamen zu 40 % aus Rapsöl und 60 % aus Rapsschrot bestehen. Beim Rapsöl entfallen 10 % auf die Fette Glycerin und Lecithin. (Lecithin ist ein Fett, das in den Fett-Molekülen auch Phosphor enthält und deshalb zu den Phospholipiden gehört. Lecithin ist ein wichtiger Bestandteil von Zellmembranen.) Ca. 30 % des Rapssamens werden somit in Form von Biodiesel für die Energiegewinnung genutzt. Die 60 % Rapsschrot, der sehr eiweißhaltig ist, werden als Futtermittel verwendet.
3. *Vorteile des Rapsanbaus*
   Das gestiegene Angebot an eiweißhaltigem Rapsschrot ermöglicht es, bei der Tierfütterung einheimische Produkte zu nutzen.
4. Dadurch kann der Import von Soja gesenkt werden. Sojabohnen enthalten etwa 20 % Öl und 37 % Eiweiß. Die Eiweißqualität ist mit der von tierischem Eiweiß vergleichbar. Sojapflanzen wachsen vor allem in Asien.
5. Biodiesel ersetzt 6 bis 7 % des Dieselverbrauchs aus Erdöl.

Nach dem Lesen

Das Schaubild wurde vom Verband der ölsaatenverarbeitenden Industrie in Deutschland (OVID) gestaltet. Es informiert über die Vorteile der Produktion und Nutzung der einheimischen Nutzpflanze Raps.

A2 Argumentation des OIVD: Im Schaubild wird darauf verwiesen, dass nur ein kleiner Teil der Rapssamen für die Herstellung von Biodiesel, der größere Teil (Schrot) dagegen als Futtermittel und Sojaersatz genutzt wird. Durch die Futtermittelbereitstellung aus dem einheimischen nachwachsenden Rohstoff Raps wird die Tierproduktion erhöht, somit die Ernährung der Bevölkerung sowie eine größere Unabhängigkeit vom Sojaimport gesichert.

Zudem wird darauf hingewiesen, dass durch den Einsatz von Biodiesel die umweltzerstörende Förderung von Erdöl reduziert werden kann.

VERSUCHE UND MATERIAL

V AUSWERTUNG

Schulbuchseite 182

V1
V2
V3

a) Bei **V1** bilden Ölsäure und Wasser vor dem Schütteln zwei Phasen. Während des Schüttelns beobachtet man eine trübe Emulsion, die sich nach einigen Minuten des Stehenlassens wieder entmischt. Es liegen erneut zwei Flüssigkeitsphasen vor, wobei die Ölsäure wieder die obere Phase bildet.
Bei der Reaktion von Ölsäure mit Natronlauge in **V2** entsteht eine feste, weiße, schmierige Masse. Beim Schütteln einer kleinen Probe dieser weißen, schmierigen Substanz bildet sich Schaum und die Lösung trübt sich.

b) Bei **V2** muss im Gegensatz zu **V1**, nach dessen Durchführung die beiden eingesetzten Stoffe unverändert vorliegen, eine Reaktion stattgefunden haben: Aus zwei farblosen, flüssigen Stoffen ist ein weißer Feststoff entstanden.
V1 hat gezeigt, dass Ölsäure nicht wasserlöslich ist (Phasenbildung). Das Produkt der Reaktion von Natronlauge mit Ölsäure **(V2)** ist dagegen besser wasserlöslich und bildet mit Wasser Schaum.

c) Reaktionsgleichung für die Neutralisation von Ölsäure mit Natronlauge:
$C_{17}H_{33}COOH\ (l) + NaOH\ (aq) \longrightarrow C_{17}H_{33}COONa\ (s) + H_2O\ (l)$

VERSUCHE UND MATERIAL

V AUSWERTUNG

Schulbuchseite 183

V4
V5
V6
V7

a) Bei **V4** bilden Öl und Wasser vor dem Schütteln zwei Phasen, das Öl schwimmt oben. Während des Schüttelns entsteht eine trübe Emulsion, die sich nach dem Stehenlassen wieder entmischt, sodass erneut zwei Phasen erkennbar sind. Öl bildet wieder die obere Phase, Wasser die untere. Nach Zugabe der Seifenlösung verteilt sich das Öl im Wasser und es liegt eine trübe Emulsion vor, die sich nicht mehr entmischt.
Bei **V5** schwimmt der Pfeffer zunächst auf der Wasseroberfläche, die wie eine „Haut" die Petrischale abschließt. Nach Zugabe von Seifenlösung sinkt das Pfefferpulver in das Wasser ein. Die „Wasserhaut" ist zerstört.

b) *Erklärung der Beobachtungen bei* **V4**:
Die polaren Wasser-Moleküle können mit den unpolaren Öl-Molekülen keine zwischenmolekularen Wechselwirkungen ausbilden, daher sind (polares) Wasser und (unpolares) Öl nicht ineinander lösbar (Bildung von zwei Phasen).
Seifen-Anionen bestehen aus einem polaren (hydrophilen) Rest, dem „Kopf", den die funktionelle Gruppe bildet, und einem unpolaren (lipophilen) Rest, dem „Schwanz", den die Alkyl-Gruppe ausmacht (**B1**, Schulbuchseite 183).
Aufgrund dieser Struktur können Seifen-Anionen über ihren polaren Rest mit polaren Wasser-Molekülen zwischenmolekulare Wechselwirkungen ausbilden und gleichzeitig über ihren unpolaren Rest mit unpolaren Fett-Molekülen Van-der Waals-Kräfte eingehen.
Bei Zugabe der Seifenlösung zu Öl und Wasser wirkt diese als Lösungsvermittler. Es entsteht eine Emulsion, dadurch dass die Seifen-Anionen im Wasser Micellen bilden, in denen das Öl eingeschlossen ist. Dabei ragen die polaren Reste der Seifen-Anionen in das Wasser und wechselwirken mit den Wasser-Molekülen, während die unpolaren Alkyl-Gruppen der Seifen-Anionen mit den Öl-Molekülen im Inneren der Micellen Van-der-Waals-Kräfte eingehen.
Skizzen: Offene Antwort. Die Skizzen sollten insbesondere die Micellenbildung analog zu der Micelle in **B4**, Schulbuchseite 185 Mitte, wiedergeben.

Erklärung der Beobachtungen bei **V5**:
Gibt man Seifenlösung auf Wasser, kann der polare Rest der Seifen-Anionen mit den polaren Wasser-Molekülen wechselwirken, der unpolare Rest dagegen nicht (vgl. **B4**, Schulbuchseite 185 sowie Erklärung zu **V4**). Daher richten sich die Seifen-Anionen auf der Wasseroberfläche so aus, dass ihr polarer Rest ins Wasser „taucht" und ihr unpolarer Rest in die Luft „ragt". An der Wasseroberfläche werden durch diese Ausrichtung die starken Wasserstoffbrückenbindungen zwischen den Wasser-Molekülen zum Teil durch die schwächeren Van-der-Waals-Kräfte zwischen den unpolaren Resten der Seifen-Anionen ersetzt. Dies führt zu einer Abnahme der Oberflächenspannung des Wassers, sodass das Pfefferpulver in das Wasser sinken kann.

Skizze: Offene Antwort. Die Skizze sollte analog zu der Darstellung der Seifen-Anionen-Ausrichtung in **B4** oben, Schulbuchseite 185, ausfallen.

c) Eine Seifenlösung entsteht bei der Zugabe von Seife (Salz einer Fettsäure) zu Wasser. Dabei reagieren die Seifen-Anionen mit Wasser-Molekülen unter Bildung von Fettsäure-Molekülen und Hydroxid-Ionen:
$C_{17}H_{33}COO^-\ (aq) + H_2O\ (l) \longrightarrow C_{17}H_{33}COOH\ (s) + OH^-\ (aq)$
Die entstehenden Hydroxid-Ionen bewirken die alkalische Reaktion der Seifenlösung und somit den beobachteten Farbumschlag des Indikators Thymolphthalein von Farblos nach Blau.

VERSUCHE UND MATERIAL

V AUSWERTUNG

Schulbuchseite 183

V4 V5 V6 V7

d) Ruß und Öl sind hydrophobe Verschmutzungen, die an der Wollfaser haften. Bei **V7** zeigt sich, dass weder Ruß noch Öl von der Faser gelöst werden, wenn der verschmutzte Faden in Wasser getaucht wird. Beim Eintauchen der verschmutzten Fäden in Seifenlösung werden dagegen sowohl Öl als auch Ruß von der Faser gelöst. Diese waschaktive Wirkung der Seifenlösung beruht darauf, dass die sich die Seifen-Anionen mit ihrem unpolaren Rest (vgl. **B1**, Schulbuchseite 183) an die unpolaren Schmutz-Teilchen, z. B Fett-Moleküle anlagern, ihr polarer Rest ins Wasser weist, also mit Wasser-Molekülen wechselwirkt (vgl. **B4** unten rechts, Schulbuchseite 185).
Anschließend wird die Schmutzhaftung an der Faser vermindert, indem sich weitere Seifen-Anionen zwischen Schmutz-Teilchen und Faser schieben. Der Schmutz wird schließlich von der Faser gelöst, indem die Schmutz-Teilchen von den Seifen-Anionen umhüllt werden (Micellenbildung). Die abgelösten hydrophoben Verschmutzungen werden so in die Waschlösung überführt.

M1 AUSWERTUNG

Schulbuchseite 183

A1

a) Offene Antwort. Die Tabelle sollte in etwa wie folgt aussehen:

Typische Zusammensetzung eines Vollwaschmittels	
Bestandteil	**Funktion**
anionische/nicht-ionische Tenside	Ablösen des Schmutzes vom Gewebe, Verhinderung der Wiederanlagerung an die saubere Faser
Enzyme	Spaltung von Eiweißen, Fetten und Kohlenhydraten aus Nahrungsresten, Hautfett, -schuppen und Blut
Bleichmittel	Oxidative Zerstörung von im Schmutz enthaltenen Farb- und Geruchsstoffen, Abtöten von Mikroorganismen
Bleichaktivatoren	Herabsetzung der notwendigen Temperatur der Waschlauge für eine gute Aktivität des Bleichmittels
Enthärter	Herabsetzung der Wasserhärte durch Bindung der Magnesium- und Calcium-Ionen
Stabilisatoren	Komplexbildner für Schwermetall-Kationen
Vergrauungs-inhibitoren	Verhinderung der Verschmutzung der gesäuberten Faser während der Wäsche
Schauminhibitoren	Begrenzung der Schaumbildung
Optische Aufheller	Verhinderung der Anlagerung von gelösten Wäschefarbstoffen auf andere Wäschestücke
Verschmutzungs-inhibitoren	Beschichtung der Faser zur Verzögerung der erneuten Verschmutzung der Wäsche beim Tragen
Trägerstoffe	Verbesserung der Handhabung durch feste Füllstoffe für Pulver bzw. Wasser und Alkohole für Flüssigwaschmittel
Duftstoffe	Verbesserung des Geruchs der Wäsche
Farbstoffe	Verbesserung des Aussehens des Waschmittels

VERSUCHE UND MATERIAL

M1 AUSWERTUNG

Schulbuchseite 183

A1

b) Offene Antwort. Vollwaschmittel können pulverförmig und flüssig sein. Gängige Spezialwaschmittel sind z. B. Colorwaschmittel, Feinwaschmittel (flüssig), Wollwaschmittel und Weichspüler.

	Anionische Tenside	Nichtionische Tenside	Kationische Tenside	Enthärter	Bleichmittel	Enzyme	Optische Aufheller	Eignung
pulverförmiges Vollwaschmittel	x	x		x	x	x	x	prinzipiell für alle Textilien außer Wolle und Seide; weniger für farbige Fasern
flüssige Vollwaschmittel	x	x		x		x	x	prinzipiell für alle Textilien außer Wolle und Seide; weniger für farbige Fasern
Colorwaschmittel	x	x		x		x	x	farbige Wäsche
Feinwaschmittel		x		x		x		prinzipiell für alle Textilien außer Wolle und Seide
Wollwaschmittel	x	x		x				Wolle und Seide
Weichspüler			x					für alle Textilien außer atmungsaktive Membranstoffe

ERARBEITUNG

A AUFGABEN

Schulbuchseite 185

A1 In dem alten Seifenrezept wird zunächst die Herstellung einer alkalischen Lösung (Lauge) beschrieben: „5 Liter Regenwasser, ¾ kg Kalk, ¾ kg Soda, 2 Handvoll Holzasche eine Viertelstunde kochen lassen. Abkühlen lassen und abseihen.“ Dieser Schritt entfällt bei **V3**, da das Fett bereits vorliegt und eingesetzt werden kann. Die Zugabe von Ethanol dient nur der besseren Löslichkeit des Kokosfetts, Ethanol verdampft im Verlauf des Versuchs.
Der zweite Schritt im alten Rezept „Das klare Wasser (die Lauge) mit 1 kg Fett solange kochen lassen, bis es fadenzieht.“ beschreibt die Fettspaltung und Bildung der Seife und entspricht den Arbeitsschritten „Erhitze in einem 200-mL-Becherglas ca. 10 g Kokosfett mit 5 mL Wasser, bis das Fett geschmolzen ist. Füge unter Rühren zuerst 5 mL Ethanol und anschließend 10 mL Natronlauge, c = 6 mol/L, hinzu. Halte das Gemisch unter Rühren ca. 30 min am Sieden und ersetze dabei das verdampfende Wasser portionsweise durch neues.“ in **V3**.
Die Abtrennung der Seife aus der Lösung (Aussalzen) ist im alten Rezept der Schritt „Zum Schluß noch eine Handvoll Salz beimengen. In eine Pfanne geben und erkalten lassen.“ und in **V3** „Gieße die zähflüssige Masse unter Rühren in 100 mL gesättigte Kochsalzlösung. Gib eine Probe der oben schwimmenden Substanz in ein Reagenzglas mit Wasser und schüttle kräftig.“

A2 In **B3** ist ein Tetradecansäure-Anion dargestellt, die entsprechende Verbindung ist Tetradecansäure (Myristinsäure).

A3 Die waschaktive Wirkung von Seife beruht auf der Bildung von Micellen. Seifen-Anionen lagern sich mit ihrem unpolaren Teil an hydrophobe Verschmutzungen wie z. B. Fett an. Diese werden in Micellen eingeschlossen, dadurch von der Faser gelöst und in die Waschlösung überführt; vgl. Auswertung **V3** bis **V7 d**.

A4 **B4** zeigt, dass abgelöstes Fett sich nicht wieder an die Fasern anlagern kann: Die unpolaren Fett-Moleküle werden durch die Seifen-Anionen der Seifenlösung im Inneren von Micellen eingeschlossen, wobei die polaren Reste der Seifen-Anionen nach außen in das Wasser weisen. Dadurch werden die Fett-Moleküle von der hydrophoben Faser ferngehalten (es sind keine zwischenmolekularen Wechselwirkungen zwischen Fett und Faser mehr möglich).

A5 Offene Antwort. Die Erläuterungen zu der folgenden Beispielskizze finden sich im Text auf Schulbuchseite 185.

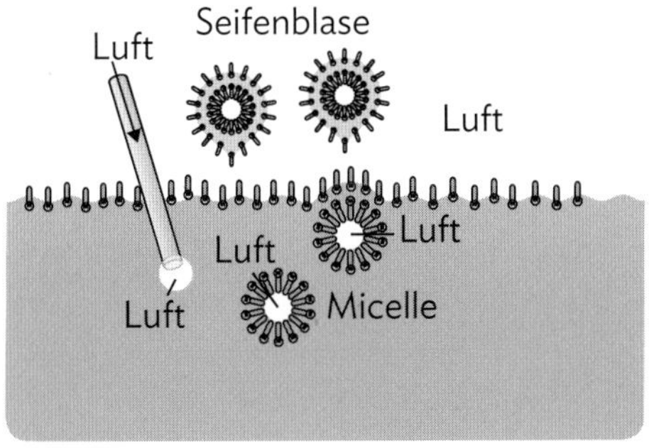

ZUM ÜBEN UND WEITERDENKEN

A Aufgaben

Schulbuchseite 186, 187

A1

a) Reaktionsgleichung für die Reaktion von Methansäure und Ethanol zu Methansäureethylester:

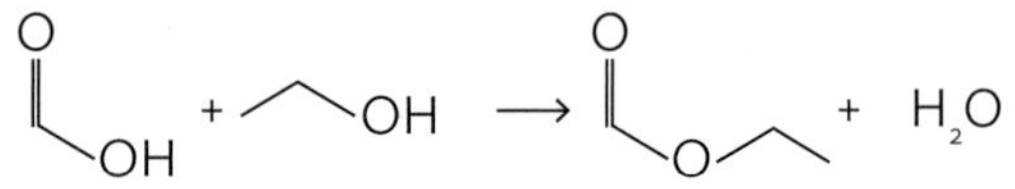

b) Reaktionsgleichung für die Reaktion von Palmitinsäure und Myricylalkohol zu Palmitinsäuremyricylester:

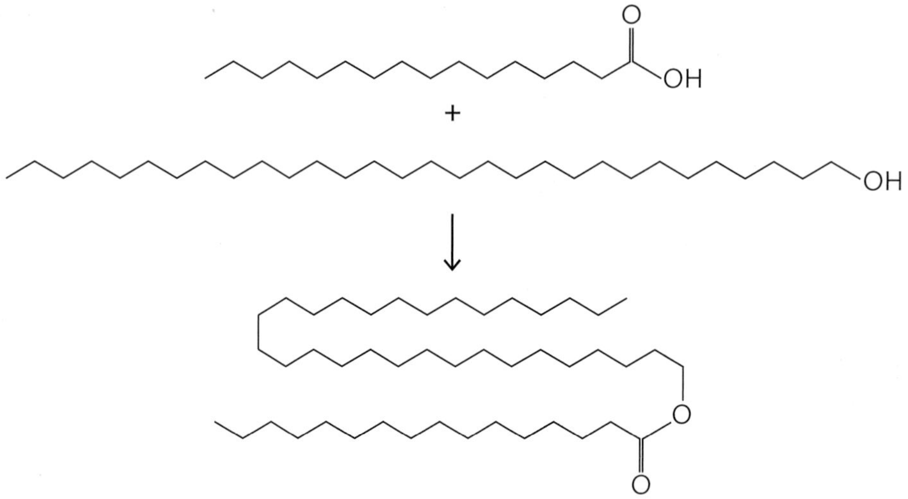

A2

a) Die allgemeine Summenformel für gesättigte Fettsäuren ist $C_nH_{2n+1}COOH$.
Die Summenformeln von Ölsäure, Linolsäure und Linolensäure **(B1)** entsprechen nicht dieser allgemeinen Summenformel, demzufolge sind Ölsäure, Linolsäure und Linolensäure ungesättigte Fettsäuren.

b) Wenn Butter ranzig wird, zersetzt sich das Fett in der Butter teilweise in Buttersäure (Butansäure) und den veresterten Alkohol. Der ranzige Geruch wird durch die übelriechende Buttersäure hervorgerufen.

c) Prozentualer Anteil einzelner Fettsäuren in Butterfett:

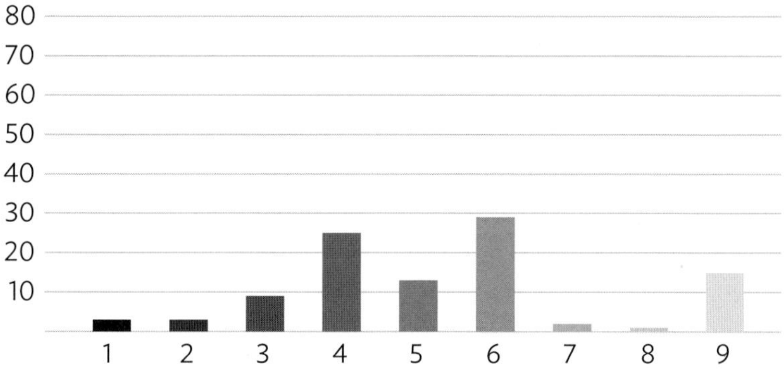

Prozentualer Anteil einzelner Fettsäuren in Olivenöl:

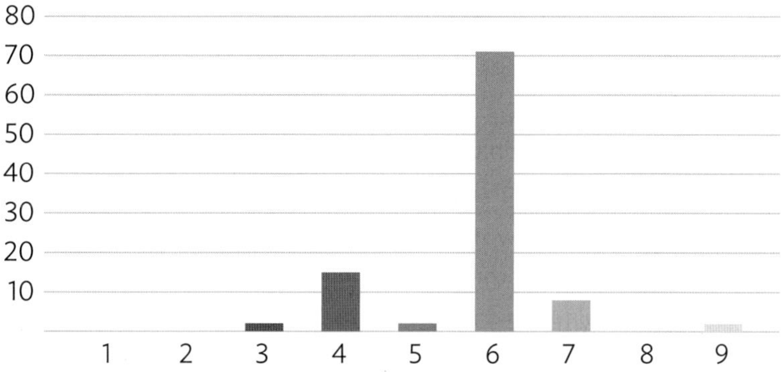

Prozentualer Anteil einzelner Fettsäuren in Kokosfett:

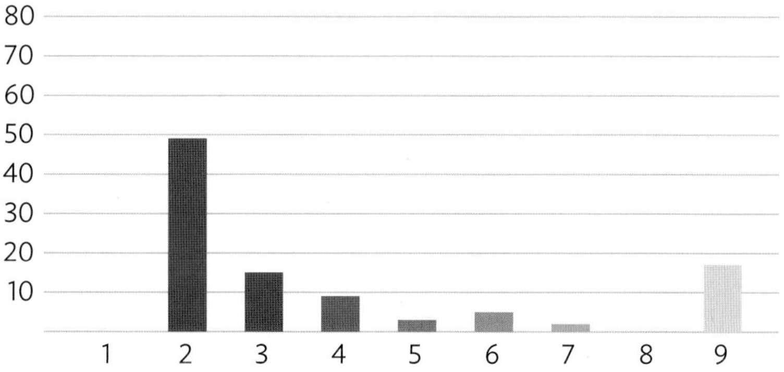

1. C_3H_7COOH Buttersäure
2. $C_{11}H_{23}COOH$ Laurinsäure
3. $C_{13}H_{27}COOH$ Myristinsäure
4. $C_{15}H_{31}COOH$ Palmitinsäure
5. $C_{17}H_{35}COOH$ Stearinsäure
6. $C_{17}H_{33}COOH$ Ölsäure
7. $C_{17}H_{31}COOH$ Linolsäure
8. $C_{17}H_{29}COOH$ Linolensäure
9. andere

ZUM ÜBEN UND WEITERDENKEN

A3

a) Bildung von Methansäurebutylester aus Methansäure und Butan-1-ol:
$HCOOH\ (l) + C_4H_9OH\ (l) \longrightarrow HCOOC_4H_9\ (l) + H_2O\ (l)$

b) Bildung von Butansäuremethylester aus Butansäure und Methanol:
$C_3H_7COOH\ (l) + CH_3OH\ (l) \longrightarrow C_3H_7COOCH_3\ (l) + H_2O\ (l)$

A4

Aus einem Glycerin-Rest und den drei verschiedenen, in **B2** angegebenen Fettsäure-Resten können drei unterschiedliche Fett-Moleküle konstruiert werden. Sie unterscheiden sich in der Position der einzelnen Fettsäure-Reste an dem Glycerin-Rest:

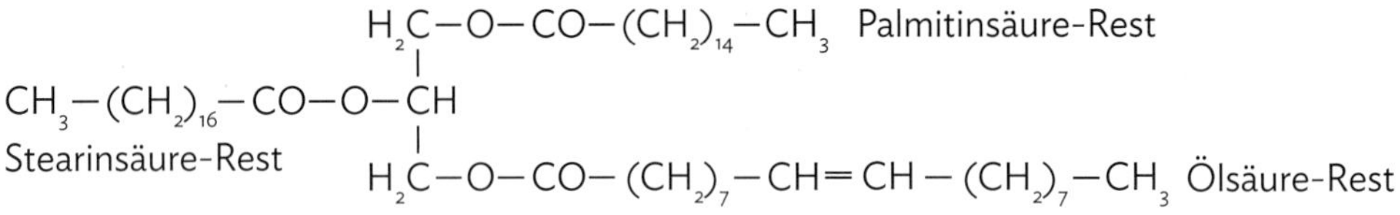

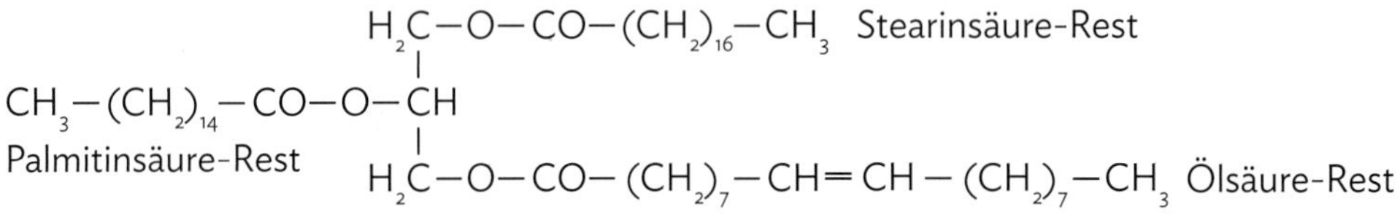

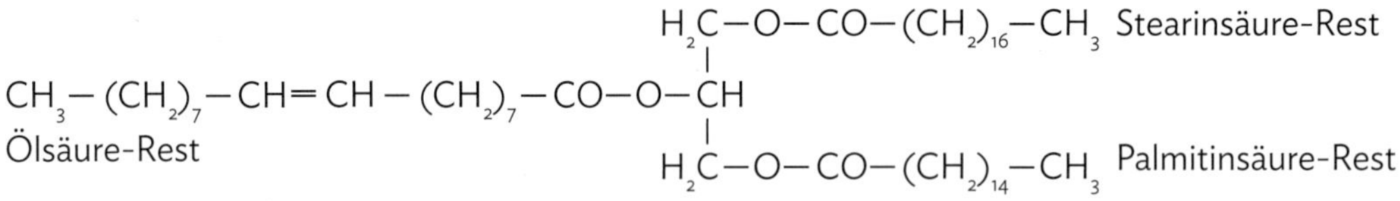

A5

a) Offene Antwort. Anhand der Molekülmodelle der beiden Fettsäure-Moleküle sollte deutlich werden, dass das gesättigte Stearinsäure-Molekül linear ist, während das ungesättigte Ölsäure-Molekül in der Alkyl-Gruppe eine „Knick" aufweist (an der Stelle der Doppelbindung).

b) Die Molekülmodelle für Stearinsäure und Ölsäure zeigen, dass das gesättigte Stearinsäure-Molekül aufgrund der ausschließlichen Einfachbindungen in der Alkyl-Gruppe linear ist, während das ungesättigte Ölsäure-Molekül aufgrund der Doppelbindung in der Alkyl-Gruppe eine „Knick" aufweist. Dieser Unterschied in der Struktur der Moleküle im Raum bedingt den unterschiedlichen Aggregatzustand der beiden Fettsäuren:

Die linearen Stearinsäure-Moleküle können sich relativ parallel zueinander anordnen, sodass Van-der-Waals-Kräfte zwischen ihren Alkyl-Gruppen sehr gut wirken können. Infolgedessen sind die Anziehungskräfte zwischen diesen Molekülen recht hoch und Stearinsäure ist bei Raumtemperatur fest (vgl. **B3** oben, Schulbuchseite 179).

Aufgrund ihrer gewinkelten Alkyl-Gruppe können sich Ölsäure-Moleküle nicht so günstig zueinander anordnen (geringere Kontaktflächen), weshalb die Van-der-Waals-Kräfte nicht so gut wirken können und die Anziehungskräfte zwischen den Molekülen schwächer sind. Ölsäure ist daher bei Raumtemperatur flüssig (vgl. **B3** unten, Schulbuchseite 179).

A6 **a)** Fett-Molekül A:

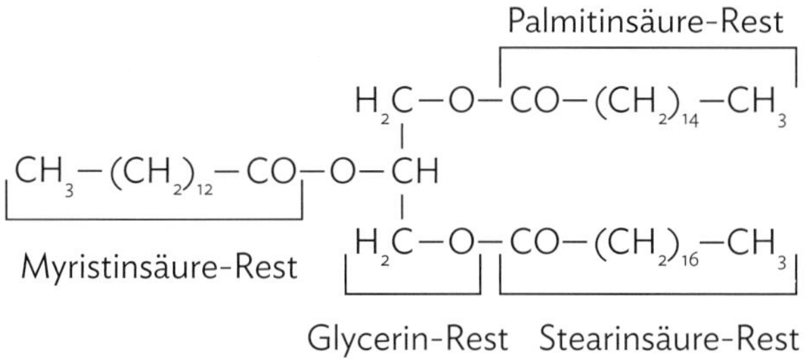

Fett-Molekül B:

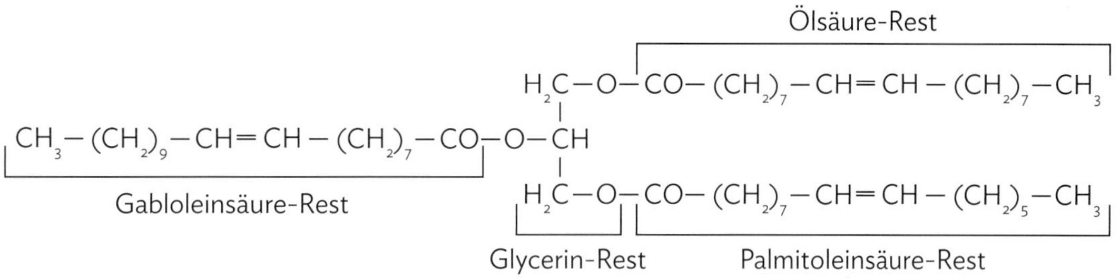

b) Die Fett-Moleküle aus Modell A enthalten ausschließlich gesättigte Fettsäure-Reste, da die Alkyl-Gruppe aller drei Fettsäure-Reste linear dargestellt ist. Die Alkyl-Gruppe aller Fettsäure-Reste enthält folglich nur Einfachbindungen.
Die Fett-Moleküle aus Modell B enthalten ausschließlich einfach ungesättigte Fettsäure-Reste, da die Alkyl-Gruppe aller drei Fettsäure-Reste mit einem „Knick" dargestellt ist. Die Alkyl-Gruppe aller Fettsäure-Reste enthält folglich eine Doppelbindung.

c) Modell A steht für ein Fett, dessen Moleküle nur gesättigte Fettsäure-Reste enthalten (vgl. **b**). Zwischen den Fett-Molekülen können daher Van-der-Waals-Kräfte sehr gut wirken und das entsprechende Fett ist bei Raumtemperatur fest (vgl. **A5 b**).
Modell B steht für ein Fett, dessen Moleküle nur einfach ungesättigte Fettsäure-Reste enthalten (vgl. **b**). Zwischen den Fett-Molekülen können daher Van-der-Waals-Kräfte schlechter wirken und das entsprechende Fett ist bei Raumtemperatur flüssig (vgl. **A5 b**).

ZUM ÜBEN UND WEITERDENKEN

A7

a) Zusammensetzung Sonnenblumenöl (Hauptbestandteile):

Linolsäure	$C_{17}H_{31}COOH$:	48 bis 74 %
Ölsäure	$C_{17}H_{33}COOH$:	14 bis 40 %
Palmitinsäure	$C_{15}H_{31}COOH$:	5 bis 8 %
Stearinsäure	$C_{17}H_{35}COOH$:	3 bis 6 %

Zusammensetzung Olivenöl (Hauptbestandteile):

Ölsäure	$C_{17}H_{33}COOH$:	55 bis 83 %
Linolsäure	$C_{17}H_{31}COOH$:	3 bis 21 %
Palmitinsäure	$C_{15}H_{31}COOH$:	7 bis 20 %
Stearinsäure	$C_{17}H_{35}COOH$:	0 bis 5 %

b) Beide Öle enthalten Fett-Moleküle mit einem hohen prozentualen Anteil an ungesättigten Fettsäure-Resten, vor allem Linolsäure- und Ölsäure-Reste.
In den Fett-Molekülen des Sonnenblumenöls ist der Anteil an mehrfach ungesättigten Linolsäure-Resten höher als in den Fett-Molekülen des Olivenöls, in denen wiederum der Anteil an einfach ungesättigten Ölsäure-Resten sowie an gesättigten Fettsäure-Resten etwas höher ist.

c) Kurz nach der Entnahme aus dem Gefrierfach ist das in **B5** abgebildete Olivenöl teilweise fest, das Sonnenblumenöl hingegen vollständig flüssig. Nach längerem Stehenlassen bei Raumtemperatur sind beide Öle flüssig.
Erklärung: Die Fett-Moleküle des Olivenöls weisen eine höheren Anteil an gesättigten Fettsäure-Resten auf als die Fett-Moleküle des Sonnenblumenöls (vgl. **a** und **b**), die Van-der-Waals-Kräfte können daher zwischen den Fett-Molekülen des Olivenöls stärker wirken als zwischen den Fett-Molekülen des Sonnenblumenöls, weshalb die Schmelztemperatur von Olivenöl in der Regel höher ist.

A8

a) Bei einem Carbonsäure-Molekül kennzeichnet man das Kohlenstoff-Atom der Carboxy-Gruppe als Kohlenstoff-Atom C1.
Omega ω ist der letzte Buchstabe des griechischen Alphabetes. Das Zeichen wird in der Chemie bei der Benennung einer ungesättigten Fettsäure zur Kennzeichnung des Molekülendes, also des Kohlenstoff-Atoms, das am weitesten von dem Kohlenstoff-Atom C1 entfernt ist, verwendet. Ausgehend von diesem Omega(ω)-Kohlenstoff-Atom beziffert man dann die Kohlenstoff-Atome der Alkyl-Gruppe eines Fettsäure-Moleküls bis zu dem Kohlenstoff-Atom der ersten (vom Molekülende aus gesehen) Doppelbindung. Diese Ziffer wird dann im Namen der Fettsäure zur Kennzeichnung der Position dieser (vom Molekülende aus gesehen) ersten Doppelbindung nach dem Begriff Omega angegeben.
In **A8** auf Schulbuchseite 187 ist danach ein Molekül einer Omega-6-Fettsäure, hier der Omega-6-Linolensäure, dargestellt.

b) Der systematische Name der dieser Linolensäure ist Octadeca-6,9,12-triensäure.

A9

a) und b)

Der Alkanol mit zwei Kohlenstoff-Atomen im Molekül ist Ethanol CH_3CH_2OH.

1. Oxidation von Ethanol zu Ethanal:

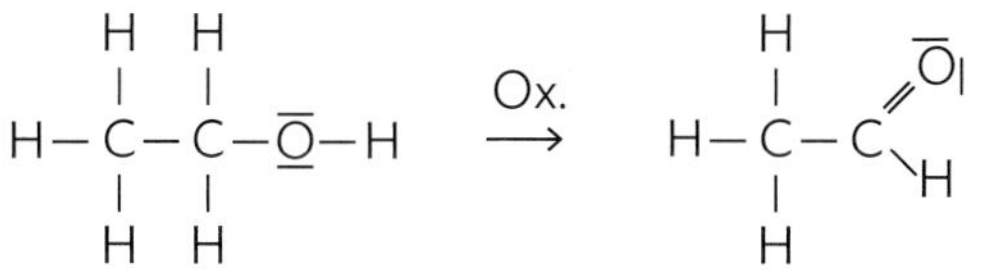

Ethanol Ethanal

2. Oxidation von Ethanal zu Ethansäure:

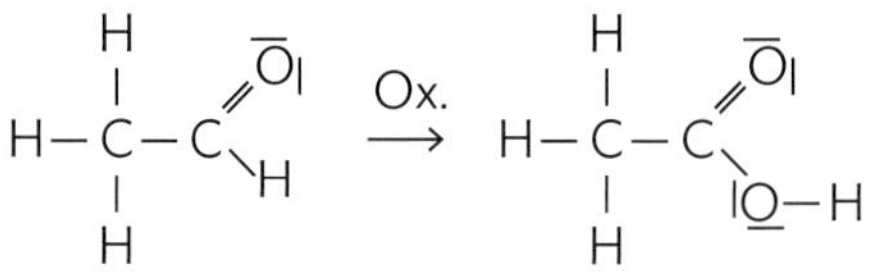

Ethanal Ethansäure

3. Esterbildung aus Ethansäure und Ethanol zu Ethansäureethylester:

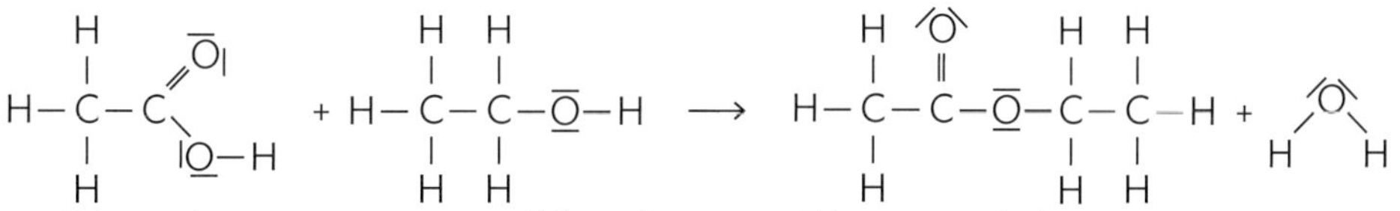

Ethansäure Ethanol Ethanäureethylester Wasser

ZUM ÜBEN UND WEITERDENKEN

M1 Aroma- und Duftstoffe

Schulbuchseite 188

A1 Offene Antwort. Diese könnte in etwa wie die folgende ausfallen.

Vor dem Lesen

- Schlagworte: Parfüm, Fruchtester, Geruch, Geschmack

Während des Lesens

- Mögliche Überschriften:
  (I) Einteilung von Aromastoffen
  (II) Definition des Begriffs Aroma nach der Aromenverordnung
  (III) Der Geruchssinn
  (IV) Vorkommen und Gewinnung von Duft- und Aromastoffen
- Übersicht über die verschiedenen Gruppen der Aromastoffe:

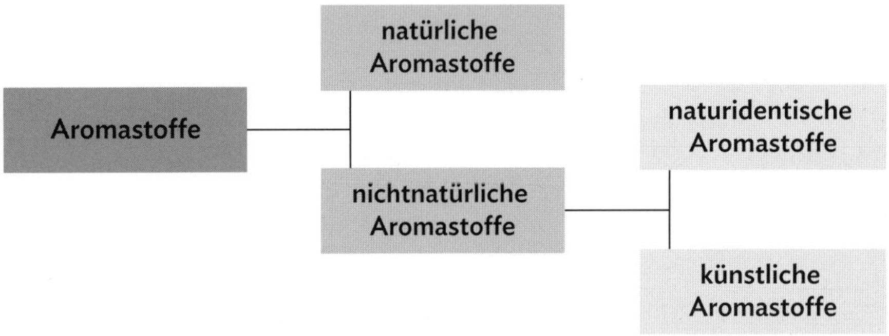

- Zusammenhang zwischen Molekülbau und Stoffeigenschaften der Duftstoffe:

Molekülbau	Stoffeigenschaften
Duftstoffe haben polare (funktionelle) Gruppen in ihren Molekülen: Ester-Moleküle: Ester-Gruppe; Aldehyd-Moleküle: Aledehyd-Gruppe; Alkohol-Moleküle: Hydroxy-Gruppe; Ketone: Carbonyl-Gruppe; Moleküle der Duftstoffe haben oft auch eine größere unpolare Alkyl-Gruppe.	Löslichkeit in Wasser Löslichkeit in unpolaren Lösungsmitteln
geringe molare Masse	leichte Flüchtigkeit

- Bei der Extraktion von Duft- und Aromastoffen aus Pflanzen nutzt man die leichte Flüchtigkeit sowie die Löslichkeit in unterschiedlichen Lösungsmitteln aus.

Nach dem Lesen

- Glossar

Aromen sind Erzeugnisse oder deren Mischungen, die dazu bestimmt sind, Lebensmitteln einen besonderen Geruch oder Geschmack zu verleihen.

Natürliche Aromastoffe werden direkt aus Naturprodukten gewonnen.

Nichtnatürliche Aromastoffe werden synthetisch hergestellt.

Naturidentische Aromastoffe bestehen aus Molekülen, die exakt denen der natürlichen Aromastoffe entsprechen.

Künstliche Aromastoffe weisen dieselben Geruchs- und Geschmackseigenschaften wie natürliche vorkommende Aromastoffe auf, ihre Moleküle haben aber eine andere (nicht natürlich vorkommende) Molekülstruktur.

Aromenverordnung ist die gesetzliche Festlegung des Bundesministeriums der Justiz und für Verbraucherschutz in Zusammenarbeit mit der juris GmbH.

Flüchtigkeit ist die Tendenz von Stoffen vom flüssigen in den gasförmigen Aggregatzustand überzugehen.

Extraktion ist eine Methode zur Trennung, Reinigung oder Isolierung organischer Stoffe, die auf dem gezielten Herauslösen eines bestimmten Stoffes aus einem Gemisch fester, flüssiger oder in Flüssigkeiten gelöster Substanzen mithilfe von Lösungsmitteln beruht.

Ätherische (etherische) Öle sind leicht flüchtige und häufig leicht entzündbare Stoffgemische, die aus verschiedenen ineinander löslichen, organischen Stoffen wie Alkoholen, Estern, Ketone u. a. bestehen.

- Extraktionsmethoden:
  1. Bei der *Mazeration* wird ein Stoffgemisch (z. B. aus Planzenteilen) eine bestimmte Zeit in eine Flüssigkeit wie Wasser, Alkohol oder Öl eingelegt. Dabei lösen sich bestimmte Stoffe in dem Lösungsmittel. Das Produkt mit der Flüssigkeit und dem gelösten Stoff nennt man Mazerat. Das Verfahren kommt bei der Herstellung von Arzneien aus Heilpflanzen zum Einsatz. Auch hochprozentige alkoholische Getränke mit Aromastoffen werden so hergestellt.
  2. Bei der *Raffination* wird Öl aus einer ölhaltigen Saat, die vorher zerkleinert wurde, mit Hexan herausgelöst. Um das giftige Lösungsmittel wieder aus dem Öl-Hexan-Gemisch durch Destillation zu entfernen, wird dieses auf 140 °C erhitzt, wobei das Hexan verdampft und das extrahierte Öl zurückbleibt.

ZUM ÜBEN UND WEITERDENKEN

M2 Vanille und Vanillin

Schulbuchseite 189

A1 Unter Vanille wird das natürliche Vanillearoma (aus der Kapsel der Kletterorchidee) verstanden. Es ist ein Stoffgemisch aus etwa 40 verschiedenen Duft- und Aromastoffen, dessen Hauptkomponente Vanillin ist. Vanillin ist ein farbloser, kristalliner Reinstoff mit der Summenformel C_8H_8O.
Sowohl das natürliche Vanillearoma (Vanille) als auch Vanillin haben den typischen Geruch und Geschmack nach „Vanille".

A2 Die Gewinnung von natürlichen Aromastoffen wie Vanille ist in der Regel sehr mühselig: Bereits der Anbau oder die Bereitstellung der notwendigen Pflanzen kann aufwendig und problematisch (Umweltaspekt: Ausbeutung oder Monokulturen) sein. So ist bei Vanille der Anbau der Kletterorchidee, aus deren Kapseln das Aroma gewonnen wird, ein schwieriges Unterfangen. Zudem müssen die gewünschten Pflanzenteile oft mit der Hand geerntet und dann auch mühsam verarbeitet werden (soziale Problematik: Ausbeutung billiger Arbeitskräfte in den Produktionsländern). Infolgedessen ist der Gewinnungsprozess natürlicher Aromastoffe meist sehr kostspielig und langwierig, sodass diese mengenmäßig nur sehr begrenzt zur Verfügung stehen.
Naturidentische Aromastoffe wie Vanillin sind dagegen oft sehr einfach, kostengünstig und in beliebiger Menge zu synthetisieren. Beispielsweise ist natürliches Vanillin heute 50- bis 200-mal teurer als naturidentisches, sodass heutzutage nur noch ca. 13 % des Vanillinbedarfs durch natürliches Vanillin gedeckt werden (vgl. **B1** auf Schulbuchseite 189).

A3 Das Vanillin-Molekül hat im Gegensatz zum Eugenol-Molekül eine Aldehyd-Gruppe als funktionelle Gruppe (vgl. **B4**, Schulbuchseite 189). Daher bietet sich zur experimentellen Unterscheidung von Vanillin und Eugenol die FEHLING-Probe an, mit der Aldehyde nachweisbar sind. Bei dieser bildet sich in Gegenwart von Aldehyden bei Zugabe der blauen FEHLING-Lösung ein roter Niederschlag. Somit sollte sich mit Vanillin bei der FEHLING-Probe ein roter Niederschlag bilden, mit Eugenol dagegen nicht.

A4 Als Hydrolyse bezeichnet man die Spaltung einer Verbindung durch die Reaktion mit Wasser. Die Esterspaltung ist ein Beispiel für eine Hydrolyse und die Umkehrreaktion der Esterbildung. Bei der Esterspaltung bilden sich aus dem Ester eine Carbonsäure und ein Alkohol. Ein Vanillinacetat-Molekül enthält eine Ester-Gruppe, die mit einem Wasser-Molekül zu einem Vanillin-Molekül (Alkoholkomponente) und einem Ethansäure-Molekül (Säurekomponente) gespalten wird.

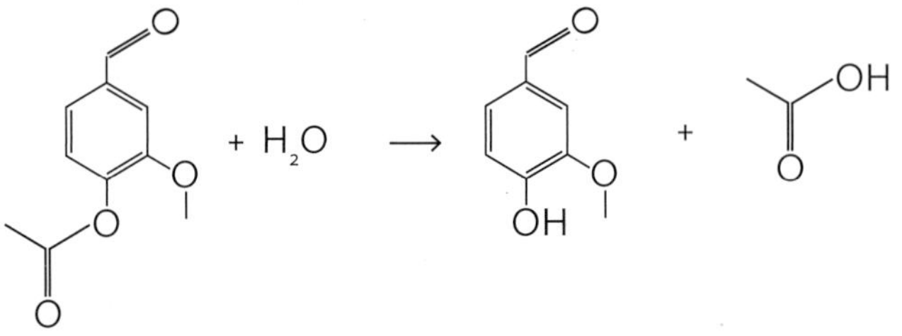

Vanillinacetat Vanillin Ethansäure

A5 Vanillin ist in Vanilleschoten zu 3 bis 4 % enthalten.
1 kg (= 1000 g) Vanilleschoten entspechen 100 %, damit sind 3 % = 30 g und 4 % = 40 g.
Somit lassen sich aus 1 kg Vanilleschoten maximal 30 bis 40 g natürliches Vanillin durch Extraktion mit Ethanol gewinnen.